ZHONGXIBU PINKUNDIQU

ZHONGXIAOXUE

YUEDU FUZHU JIZHI

YANJIU

中西部贫困地区中小学阅读扶助机制研究

谢巍 刘益 李毅◎编著

文化发展出版社
Cultural Development Press

图书在版编目（CIP）数据

中西部贫困地区中小学阅读扶助机制研究 / 谢巍，刘益，李毅编著. — 北京 ：文化发展出版社有限公司，2019.12

ISBN 978-7-5142-2729-1

Ⅰ. ①中… Ⅱ. ①谢… ②刘… ③李… Ⅲ. ①贫困区－中小学教育－教育研究－中国 Ⅳ. ①G639.2

中国版本图书馆CIP数据核字(2019)第140110号

中西部贫困地区中小学阅读扶助机制研究

谢　巍　刘　益　李　毅　编著

责任编辑：张　琪

执行编辑：杨　琪　　　　　　　责任校对：岳智勇

责任印制：邓辉明　　　　　　　责任设计：侯　铮

出版发行：文化发展出版社有限公司（北京市翠微路 2 号　邮编：100036）

网　　址：www.wenhuafazhan.com

经　　销：各地新华书店

印　　刷：北京建宏印刷有限公司

开　　本：787mm×1092mm　1/16

字　　数：200千字

印　　张：11.625

印　　次：2019年12月第1版　2019年12月第1次印刷

定　　价：49.00元

ISBN：978-7-5142-2729-1

◆ 如发现任何质量问题请与我社发行部联系。发行部电话：010-88275710

前言

preface

阅读帮助人们获取知识和认识世界；全民阅读促进社会文明进步和民族文化传承。自 2006 年“全民阅读”活动开展至今已有 13 年；自 2014 年“全民阅读”首次被写入政府工作报告之后，到 2019 年的政府工作报告已是连续第六次对全民阅读进行“倡导”。“全民阅读”所具有的基本性、普惠性、平等性和便利性特征，对其作用范围提出了全面和广泛的要求。制定措施推动中西部贫困地区全民阅读工作的开展，对实现“全民阅读”的文化效用有着重要的意义。

在“全民阅读”覆盖的各群体中，少年儿童是重要的群体，少年儿童阅读活动的效果对“全民阅读”活动效果及对社会发展和文明进步有着重要的意义。根据中国新闻出版研究院发布的第十六次全国国民阅读调查结果显示，2018 年，0-17 周岁未成年人的图书阅读率有所下降。其中，0 ～ 8 周岁儿童图书阅读率为 68.0%，14 ～ 17 周岁青少年图书阅读率为 86.4%，较 2017 年都有所降低；而 9 ～ 13 周岁少年儿童图书阅读率为 96.3%，较 2017 年有所提高。而在课外图书阅读量方面，2018 年，我国 14 ～ 17 周岁未成年人的阅读量最大，为 11.56 本；9 ～ 13 周岁少年儿童人均图书阅读量为 9.49 本；0 ～ 8 周岁儿童人均图书阅读量为 7.10 本。在当今时代，出版物形态多样化，纸质图书、电子图书、有声书等都成为包括中小学生在内的未成年人的阅读选择。未成年人阅读的具体情况较为复杂，需要进行具体调查和分析。

针对中西部贫困地区的全民阅读工作，选择其中的未成年人群体作为阅读扶助对象，对促进该地区的经济文化发展具有基础性作用，也是着眼于地区发展未来的举措。在课题研究开展之前，已经有以中西部贫困地区学龄前儿童为重点的“书香•童年”阅读工程。本课题以未成年人中的另一部分群体——中小学生为具体的阅读扶助对象。

为了更好地了解中西部贫困地区中小学阅读情况并提出有针对性和现实意义的扶助机制和具体策略建议，课题组展开了实地调研。首先，课题组对国家级贫困县之一的湖北省恩施市（县级市）开展预调研，对当地的高中教师进行了访谈。在预调研的基础上修改完善了访谈提纲和调查问卷。然后，课题组选择了国家级贫困县中的贵州省道真县、正安县、长顺县，以及云南省的漾濞县进行实地调研。调研对象包括图书馆管理者和工作人员、图书馆合作单位工作人员、中小学教师、中小学生及家长、书店工作人员等。此外，还对甘肃省教育部门以及新疆维吾尔自治区乌鲁木齐市新华书店的工作人员进行了访谈。最后，通过实地调研发放调查问卷、手机版问卷等多种形式发放和回收调查问卷。发放调查问卷的区域都是国家级贫困县，共 11 个。包括广西壮族自治区的上林县和富川县，云南省的漾濞县，贵州省的道真县、正安县和长顺县，青海省的杂多县，重庆市的万州区，湖南省的新化县，陕西省的印台区，河南省的兰考县。调研访谈共 36 人次，共形成访谈记录 31 份（含预调研访谈记录 1 份），共回收问卷 619 份。在文献研究和调查研究的基础上，课题组系统地得出了普惠阅读扶助机制和普惠阅读扶助机制落实的策略建议。

本课题研究过程得到了课题委托方——原国家新闻出版广电总局的支持，在课题调研开展过程中得到了贵州省正安县图书馆冯康馆长、贵州省道真县图书馆张韬馆长等的大力帮助。在课题调研中，北京印刷学院经济管理学院的范文静老师和高海涛老师参与了实地调研。在问卷数据整理阶段，范文静老师也做了很多工作。在此一并感谢！

本书的出版得到了原国家新闻出版广电总局新闻出版项目“中西部贫困地区中小学阅读扶助机制研究”（2016-9-1）和北京文化产业与出版传媒研究基地的经费资助。囿于著者水平，文中难免出现疏漏与不足，请广大读者不吝批评指正。

本书调研数据时间来源于2016年，正文数据及机构名称均以2016年当年为准。

谢　巍

2019年12月

目录

Contents

第1章

001 绪论

002 1.1 课题研究背景

003 1.2 相关研究综述

005 1.3 研究内容与研究方法

007 1.4 研究的主要观点、重点难点及创新之处

第2章

011 理论基础

012 2.1 全民阅读与阅读推广

013 2.2 公共服务

014 2.3 公共服务营销

第3章
017 国内相关政策措施
018 3.1 现有的公共文化服务政策概况
019 3.2 关于中西部地区阅读的政策
020 3.3 关于中小学生阅读的政策
021 3.4 关于中小学生阅读扶助的相关措施
024 3.5 我国现有政策的总结与启示

第4章
027 国外相关政策措施
028 4.1 基于政府主体的阅读扶助措施
031 4.2 基于学校主体的阅读扶助措施
032 4.3 基于图书馆主体的阅读扶助措施
034 4.4 基于出版业主体的阅读扶助措施
034 4.5 基于社会组织主体的阅读扶助措施
035 4.6 国外相关扶助政策措施带来的启示

第5章
037 调研设计、实施及数据统计分析

038　5.1　调研设计及实施过程
040　5.2　问卷调查结果的统计分析
056　5.3　数据分析中发现的问题

第6章

061　**定性调研情况分析**
062　6.1　甘肃省政府部门访谈情况
064　6.2　贵州省正安县图书馆调研情况
074　6.3　贵州省道真县图书馆调研情况
082　6.4　贵州省正安县格林镇兴隆小学调研情况
087　6.5　贵州省正安县瑞溪镇综合文化站调研情况
091　6.6　书店及书吧调研情况
095　6.7　中小学师生家长调研情况

第7章

113　**普惠阅读扶助机制的构建及其作用方式**
114　7.1　普惠阅读扶助机制构建
116　7.2　政府层面的扶助机制作用方式
121　7.3　家校教育层面的扶助机制作用方式
124　7.4　社会层面的扶助机制作用方式

第8章

127 普惠阅读扶助机制落实的策略建议

128 8.1 中小学生生活轨迹式扶助策略体系

131 8.2 政府部门主体的扶助策略建议

138 8.3 对学生主体的扶助策略建议

139 8.4 对学校主体的扶助策略建议

141 8.5 对家庭主体的扶助策略建议

142 8.6 对图书馆业主体的扶助策略建议

145 8.7 对出版业主体的扶助策略建议

152 8.8 对其他社会组织主体的扶助策略建议

附录1

155 访谈提纲

156 附录 1.1 访谈提纲一（政府部门）

156 附录 1.2 访谈提纲二（教师）

157 附录 1.3 访谈提纲三（家长）

157 附录 1.4 访谈提纲四（图书馆）

158 附录 1.5 访谈提纲五（书店）

159 附录 1.6 访谈提纲六（学生）

附录2

161 **调查问卷**

162 附录 2.1 中西部地区中小学阅读情况调查问卷（学生）

166 附录 2.2 中西部地区中小学阅读情况调查问卷（家长）

168 附录 2.3 中西部地区中小学阅读情况调查问卷（教师）

171 参考文献

第1章

绪　论

1.1 课题研究背景

深入开展全民阅读是实现中华民族伟大复兴中国梦的必然要求，阅读是一个民族精神发育和文化传承的基本途径，也是一个民族凝聚力和创造力的重要源泉（吴尚之，2015）。自2014年“全民阅读”首次写入政府工作报告之后，2019年政府工作报告已经是连续第六次对全民阅读进行“倡导”。全民阅读具有基本性、普惠性、平等性和便利性，其文化效用应该遍及全国各地区，覆盖各群体。在当前国民阅读公共资源和设施仍有不足、分布不均衡的情况下，采取措施推动中西部贫困地区的全民阅读工作，对提高民众综合素质、促进地区经济与文化发展有着重要的意义。

少年儿童关系祖国的未来，少年强则中国强，少年儿童的阅读是全民阅读的重要基础（吴尚之，2015）。课题开展是在2016年初，根据十二次全国国民阅读调查报告，2014年我国0岁至17周岁未成年人图书阅读率为76.6%，较2013年的76.1%略有增加；同时还应注意到，该数据是包括教材和教辅图书的，未成年人图书阅读的具体情况较为复杂，需要进行具体调查和分析。针对中西部贫困地区的全民阅读工作，选择其中的未成年人群体作为阅读扶助对象，对促进该地区的经济文化发展具有基础性作用，也是着眼于地区发展未来的举措。课题开展之前，已经有以中西部贫困地区学龄前儿童为重点的“书香·童年”阅读工程。因此，本课题以未成年人中的另一部分群体——中西部贫困地区的中小学生为具体的阅读扶助对象，通过实地调查研究，制定有针对性的中小学阅读扶助机制，推动精准扶贫，促进中西部地区教育文化与经济社会发展。

1.2　相关研究综述

1.2.1　国内学者相关研究综述

国内学者的相关理论研究主要包括以下几个方面。第一，集中于阅读理论的研究。如“四体合一”学说的提出（曾祥芹、韩雪屏，1992）。第二，聚焦于阅读学研究，关注阅读对象。如对儿童经典阅读推广模式及图书馆的角色的研究（许欢，2011）；或关注阅读的影响因素，如，研究阅读动机的影响（刘孝文等，2018）。第三，关注青少年阅读主体。例如，提出青少年绿色阅读概念，倡导新型阅读模式（陈秀莲，2008）。第四，关注阅读方式。例如，有学者认为应关注网络阅读的现状和特点，图书馆提供网络阅读指导服务（邱茂炜，2009）；还有学者关注多种新媒体阅读方式，关注新媒体时代的青少年阅读，他们认为要发挥图书馆的优势，引导青少年健康阅读（陶爱兰、李佳屏，2011）。第五，对包括中小学生群体在内的全民阅读的相关机构进行研究。例如，发挥图书馆、学校、社区等机构在阅读中的作用（黄俊贵，2005），校地共建图书馆模式促进阅读推广活动（孙海双、王雪燕，2011）；图书馆与教育局相关科室、媒体、出版社等合作开展青少年阅读推广活动（吕梅，2011）。第六，有学者关注阅读推广人的作用。如，加强阅读推广人队伍建设，提高推广人专业能力（陈晓梅，2015）。第七，一些学者在探讨全民阅读实现途径或措施时，关注中小学生阅读问题或阅读资源地区分布不均衡问题，提出了一些解决措施建议。例如，对缩小城乡差距、针对文化水平相对落后地区读书难问题的分析对策（张欣，2011）；对包括中小学生在内的弱势群体阅读权利保障进行的研究，强化培养青少年的阅读习惯等（张欣，2011；王志军，2008）。现有的国内研究主要集中于宏观层面，对中西部贫困地区中小学生阅读的具体情况鲜有涉及。

还有一些国内学者关注国外实践，形成了下列研究成果。第一，关注法律法规对扶助中小学阅读的作用。例如，美国政府颁布的《中小学教育法案》《卓越阅读法案》《不让一个孩子落后法案》等（王翠萍、刘通，2012；赵宸，2015）；日本颁布的《儿童读书活动推进法》和《儿童读书活动推进基本计划》（王萍，2013；赵宸，2015）。第二，关注政府部门出台的措施对扶助中小学阅读的作用。例如，美国推出过“家庭参与教育伙伴关系计划”“儿童读写运动”“美国阅读挑战运动”“大阅读计划”等（富琳，2014）；俄罗斯政府的“培养读者兴趣、鼓励年轻人读书”国家项目（杨政，2012）；新加坡国家图书馆管理局制定终身阅读的策略，包括分龄阅读策略（许桂菊，2015）；在法国学校，各市政府为青少年制订月度阅读计划（邢雪，2013）。第三，关注阅读对象——出版物。如美国的“I Can Read”分级读物（富琳，2014）。第四，关注图书馆这一阅读推广主体。例如，日本要求学校图书馆必须专门设置担任专业职务的司书教谕（学校图书馆员）（王薇，2013）；英国伦敦图书馆每年暑期举行中小学生读书活动（李文云，吕鹏飞等，2013）；法国巴黎有专门面向青少年开放的图书馆“快乐时光”（邢雪，2013）。第五，关注家庭对于中小学生阅读推广的作用。例如，英国很多家长都有睡前给孩子读书的习惯，而家长自身的阅读习惯更能形成潜移默化的影响（富琳，2014）。第六，关注专业推广机构的作用。例如，英国阅读协会，法国的“读与伴读”协会以及印度中等教育理事会都发挥了重要作用（邢雪，2013；李文云，吕鹏飞等，2013）。

1.2.2 国外学者相关研究综述

国外学者对于中小学阅读扶助方面的研究主要有以下几个方面。第一，聚焦于阅读行为本身，研究阅读的本质及原理，阅读模式等。如传统的“自下而上”阅读模式（Gough，1972），基于认知心理学的“自上而下”阅读模式（Goodman，1976），交互式阅读模式（Rumelhart，1977）。第二，研究阅读主体，关注有关青少年阅读主体的研究。如有关青少年在线阅读能力的研究（Kiili, etc., 2012; Leu, etc., 2011）。第三，研究阅读推广的重要主体——图书馆行为。如研究图书馆的功能和责任，对图书馆推广阅读的方法提供建议（Simsova，2008）；研究公共图书馆的核心业务，推广快乐阅读（Quinn，2008）；第四，研究学龄儿童阅读、亲子阅读。例如，公众利用图书馆后能够增加亲子阅读时间，提高学生家庭作业的完成率（Bhatt，2010）。第五，研究多种力量共同推进学生阅读。例如，以学校图书馆为引领，综合学校、老师、家长及学生的力量来提高学生阅读能力（Elizabeth & David，2009）。第六，研究政府部门在阅读推广中的作用。例如，美国州政府推广阅读及文化活动的具体措施（Bayard，2008；Qayyum，2008）；国家政策在弥补经济弱势背景下的青少年在线阅读能力方面的作用（Leu,etc.，2015）。此外，国外对于阅读扶助实践方面的相关研究也有一些。例如，美国政府拨款扶助学校开展具体活动，以法律为基础改进中小学教育水平，提高学生的阅读能力（Lips，2008）。

1.3 研究内容与研究方法

1.3.1 研究的主要内容与基本思路

研究的主要内容包括：第一，中西部贫困地区中小学阅读现状；第二，中西部贫困地区中小学阅读的困境及影响因素分析；第三，国内对弱势群体（经济落后群体、中小学生群体）阅读扶助的措施及效果评价；第四，国外对中小学阅读扶助的措施、机制及效果评价；第五，中西部贫困地区中小学生普惠阅读的扶助机制建议。研究框架如图 1-1 所示。

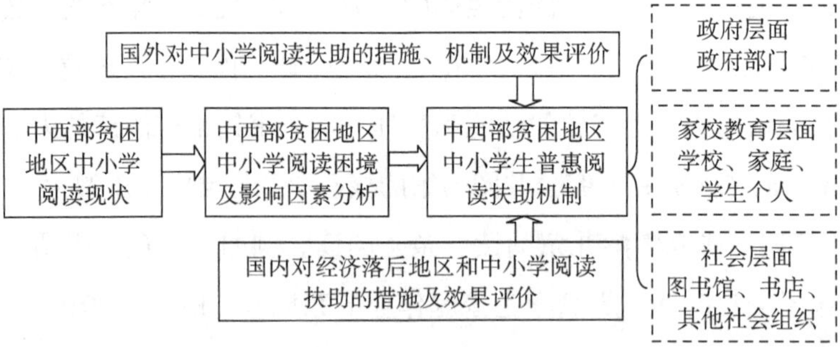

图 1-1　研究框架

1.3.2　研究方法与实施步骤

本课题以实证研究为基础，结合定量研究和定性研究的优势，主要采用下列研究方法：第一，文献研究方法，搜索国内外相关学术期刊、报纸、杂志的文章；第二，基于定性定量数据调查的实证研究方法；第三，访谈与专家咨询法。

在实施过程中，第一，进行文献研究，明确理论依据。第二，进行文献研究，收集整理国内外相关政策措施的资料。一方面，收集国内对经济落后地区阅读扶助的政策及措施，以及国内对于中小学阅读扶助的政策及措施，对其效果进行分析；另一方面，搜集资料，整理和分析国外对中小学阅读扶助的措施及效果评价，对国外阅读扶助机制进行分析和评价。第三，对中西部贫困地区中小学阅读现状进行调研。在 2015 年国家级贫困县名单（均属于中西部省份）中抽样选择 3 个县作为实地调研对象。在实地调研中，分别在新闻出版局、教育局、中小学（老师、学生及家长）、图书馆、书店等多种调研类型中选择访谈对象，得到约 30 份访谈数据；通过直接调研的形式做进一步的问卷调查，计划回收约 500 份调查问卷。第四，分析和整理调研资料，发现中西部贫困地区中小学阅读中存在的具体问题和困难，分析其影响因素，找出可通过扶助机制解决的问题和困难。第五，结合我国中西部贫困地区中小学阅读的实际情况和可借鉴的国外扶助机制经验，提出对我国中西部贫困地区中小学普惠阅读的扶助机制建议。

1.4 研究的主要观点、重点难点及创新之处

1.4.1 研究的主要观点

第一，关注国民阅读公共资源和设施分布不均衡现象，扶持贫困地区全民阅读工作，保障未成年人的基本阅读需求，是促进全民阅读均衡协调发展的必然要求，对全面实现全民阅读、建设书香社会有着重要的意义。

第二，中西部贫困地区中小学阅读存在一定的困难和问题，而这些困难和问题中的绝大部分是可以通过适当的扶助机制解决的。扶助机制涉及三个层面，即政府层面、社会层面（如图书馆、书店、其他社会组织）以及家校教育层面（学校、家庭和学生个人）；需要建立以政府为主导，以家校教育为主体，以图书馆等社会组织为支撑的扶助机制。

第三，需要在厘清国内对经济落后地区以及中小学阅读扶助的政策措施的基础上，对这些政策措施进行系统化思考和效果评价，结合中西部贫困地区中小学阅读的实际困境进行分析，作为扶助机制制定的依据之一。

第四，分析国外中小学阅读扶助机制，分析扶助机制的背景和应用条件，在对其效果进行评价的基础上，结合我国中西部贫困地区中小学的实际情况，分析借鉴有应用价值的政策措施，作为扶助机制制定的依据之一。

第五，从三个层面和七个主体的角度提出中西部贫困地区中小学阅读扶

助机制建议，建立以政府为主导，以家校教育为主体，以图书馆等社会组织为支撑的扶助机制。

1.4.2 研究的重点难点及创新之处

1. 研究的重点难点

第一，搜集并分析可借鉴的国外中小学阅读扶助机制。

第二，通过调查分析中西部贫困地区中小学阅读中能够通过扶助机制解决的困难及问题，提出适当的、可行的扶助机制建议。

2. 创新之处

第一，本课题是对中西部贫困地区中小学阅读情况进行调研分析，提出扶助机制建议，是以往研究中所没有涉及的，课题研究本身就是一种创新。

第二，研究视角的创新。本课题以中西部贫困地区中小学阅读情况为研究对象，从这一阅读弱势群体的视角展开研究，促进全民阅读开展，解决全民阅读不均衡问题，也是一种创新。

第三，本课题从三个层面和七个主体的角度进行分析，提出以政府层面为主导，以家校教育层面为中心，以社会层面为支撑的普惠阅读扶助机制建议；在机制落实中从中小学生生活轨迹的角度出发，关注中小学生能够触及的各种场所，“无孔不入”地提供中小学生阅读服务，从这个角度提出机制落实的策略建议，也是创新之处。

1.4.3 研究的不足之处

研究的不足之处主要体现在以下几个方面。

第一，虽然课题组已经开展了大量的调研工作，但是选择的调研对象在典型性和代表性方面还可以更完善。

第二，课题组在对政府部门的访谈中只有甘肃省教育部门的访谈记录，在政府层面的调研上还应该更丰富、更全面一些。

上述问题的出现与研究时间、课题组的外部资源有限相关。如果将来有机会进行课题跟踪研究和后续研究，希望能在这些方面进行改进，以获得更多的研究进展。

第2章

理论基础

2.1 全民阅读与阅读推广

阅读是人们传承文化、推动社会进步的桥梁，也是人们认识世界、获取知识、塑造自我的重要手段。阅读主体具有多元性，覆盖全社会的各类群体。全民阅读推广是一项综合、系统、全面的活动，关乎全民公共文化建设、阅读权利、阅读公平（樊秋萍，2013）。在全民阅读中，中小学生是重要的阅读主体。中小学生通过阅读传承优秀文化，使其自身发展成长，这也是阅读促进社会发展的重要意义之一。中小学生阅读是全民阅读的重要组成部分，具有全民阅读普惠性的特点，即每一位中小学生都享有阅读服务的平等权利。

由于阅读服务的区域分布不平衡、阅读主体的阅读能力不平衡、阅读条件和资源不均衡等原因，中西部贫困地区中小学生虽然也享有平等阅读服务的权利，但是在阅读实践中面临更多的困难。本课题中涉及的阅读主体是中西部贫困地区的中小学生，在课题研究实施的过程中，中西部贫困地区的研究范围与 2015 年国家级贫困县名单（均属于中西部省份）保持一致。

阅读推广是促进阅读的方式。对阅读推广的字面含义解析比较简单，就是对阅读进行推广或促进；这一词汇在中外图书馆学中普遍使用，但很少有人对其下定义（范并思，2014）。从目前的文献研究来看，关于“阅读推广”的研究成果多是立足于图书馆学研究领域的。其中，大多数是对公共图书馆或高校图书馆开展阅读推广活动的应用研究。例如，研究阅读推广的策略、形式、效果、评估指标体系构建、服务机制构建等方面（刘亚，2014；胡亚玲，2016；曹炳霞，2013；万慕晨、欧亮，2015；王素芳、孙云倩、王波，2013；岳修志，2012；黄健，2013；雷菊霞、乔婧、袁玉敏，2014；张晋华，2016；等等）。也有少量对阅读推广的理论方面的研究（如范并思，2014），少量对国外图书馆阅读推广的研究（如李芙蓉、李常庆，2014）。

虽然阅读推广还没有被广泛认同的定义，但是从图书馆学理论角度来看，阅读推广是图书馆服务的一种形式，这是阅读推广的理论特征之一（范并思，2014）。因此，图书馆界自然成为阅读推广的主体之一。具体来说，图书馆界包括公共图书馆、学校图书馆及科研机构图书馆等，这些图书馆、由这些图书馆参与组成的图书馆学会等机构、相关管理部门等都成为阅读推广的主体。

尽管很多有关“阅读推广”的研究成果是在图书馆学领域的，但是，在传播学研究和营销学领域，读者阅读、出版与阅读、图书阅读体验与消费等方面也有不少研究成果。出版界也是阅读推广的主体之一，出版界在阅读推广中负责阅读内容的生产和传递，能够在一定程度上通过选题及图书内容策划等引导读者的偏好。与图书馆类似的，出版界中的发行机构、一些出版机构也能接触到读者，可以为阅读推广服务。随着数字技术等的应用，出版界的出版机构、技术平台机构、发行机构、出版行业协会、相关管理部门等都成为阅读推广的主体。

2.2 公共服务

最早对公共物品进行论述的是著名的经济学家亚当·斯密；1954 年，萨缪尔森第一次对公共物品做出定义“每个人消费这种物品或劳务不会导致别人对该种物品或劳务消费的减少”，“公共物品是指这样一类商品：将该商品的效用扩展于他人的成本为零，因而也无法排除他人共享”。消费的非排他性、非竞争性以及不可分割性是公共物品的基本特征。服务是无形的，产品是有形的，因此有人说，为民众提供的那些无形的消费服务就叫公共服务，有形则为公共产品，有如此言论的如美国学者罗纳德·J. 奥克森。虽然学者们有的从公共物品与公共服务的特性来界定公共服务，有的从样态有形还是无形来界定公共服务，有的从公共服务的供给主体来分析公共服务，有的从公法的角度界定公共服务，这些界定方法都有一定的局限性。把握概念的核心和实质，理解公共服务的供给是对公共利益的判断，公共利益才是判定公共服务的内在依据（谢利萍，2010）。

中西部贫困地区的中小学生阅读是全民阅读中的一部分，促进这些中小学生阅读也是一种阅读推广。全民阅读带来公共利益，本质上属于公共服务。公共服务满足的是公共需求，公共需求是公民个体需求中的共性要求。公共服务的本质属性就是公共性（鄯爱红，2006），满足公共领域的需求，这些服务具有非竞争性和非排他性。中西部贫困地区的中小学生阅读是公共服务中的公共文化服务。好的公共文化服务应该体现 6 个特性：价值性、公益性、均等性、普惠性、便利性及有效性（吴理财，2011）。政府相关部门通过提供和支持公共服务，维护公共利益，促进社会发展。

2.3 公共服务营销

作为公共服务主体的提供者，不仅要满足公众的现实需求，更要引领公众克服眼前利益的局限，关注社会进步和未来发展。公共服务的价值在于促进公共利益；公共服务的价值还在于促进社会发展（夏志强、李静，2013）。公共利益是一种长远利益，甚至可能是公共服务对象尚未意识到的利益，需要公共服务提供者来引导；不仅是为了满足公共服务对象现有的需求而采取行动，有些时候还需要激发公共服务对象的潜在需求。

从展示公共服务价值、激发公共服务对象潜在需求的角度来看，公共服务需要营销。服务营销理念最早产生于企业营销领域。由于服务具有无形性、异质性、生产与消费的同步性以及易逝性，服务营销与商品营销也存在区别。通常使用服务营销组合理论进行分析或提出策略。服务营销组合理论是在传统的营销组合理论的基础上扩展得到的。传统的营销组合策略 4P 即产品（Product）、价格（Price）、渠道（Place）、促销（Promotion），在此基础上还出现过 4C 和 4R 理论。4C 理论，即消费者（Consumer）、成本（Cost）、便利（Convenience）和沟通（Communication）。4R 营销理论即关联（Relevance）、反应（Reaction）、关系（Relationship）、报酬（Reward）。在传统的营销组合理论的基础上，服务营销组合中增加了人员（People）、有形展示（Physical Evidence）和过程（Process）。

公共服务营销是追求公共价值的体现。“公共价值是公共部门通过服务、法律法规和其他行动所创造的价值”（Kelly，Mulgan & Muers，2002）。公共服务的提供者要给服务对象传递公共价值，满足服务对象符合社会发展的现实需求及未来需求。在中西部贫困地区，促进中小学生阅读也是社会提供公共服务的形式之一，通过一系列政策措施满足中小学生的阅读需求，提高他们的阅读兴趣和阅读能力。

第3章

国内相关政策措施

3.1 现有的公共文化服务政策概况

在我国现有的公共文化服务政策中，大部分政策都涵盖了中小学生阅读、中西部地区阅读等相关的部分。现有的国家公共文化服务政策见表 3-1。

表3-1 国家公共文化服务政策

时间	政策名称	发布单位
2012 年	《国家“十二五”时期文化改革发展规划纲要》	中共中央办公厅、国务院办公厅
2013 年	《全国公共图书馆事业发展“十二五”规划》	文化部
2015 年	《关于加快构建现代公共文化服务体系的意见》	中共中央办公厅、国务院办公厅
2015 年	《关于组织开展国家公共文化服务体系示范区（项目）创建城市区域文化联动活动的通知》	文化部办公厅
2015 年	《关于推进基层综合性文化服务中心建设的指导意见》	国务院办公厅
2015 年	《关于政府向社会力量购买现代公共文化服务工作的意见》	文化部、财政部、新闻出版广电总局、体育总局四部委联合
2015 年	《关于加强新时期中小学图书馆建设与应用工作的意见》	教育部、文化部、新闻出版广电总局联合
2015 年	《“十三五”时期贫困地区公共文化服务体系建设规划纲要》	文化部、国家发展改革委、国家民委、财政部、新闻出版广电总局、体育总局、国务院扶贫办七部委
2016 年	《2016 年全国基层文化队伍培训工作计划》	文化部

此外，各级地方政府部门也出台了公共文化服务的相关政策，如吉林省政府办公厅于 2016 年发布了《推进全省基层综合性文化服务中心建设实施方案》；山西省委办公厅、省政府办公厅于 2016 年发布了《关于提高公共文化服务水平的若干意见》。此外，湖北省、安徽省、湖南省等省份都分别出台了《关

于加快构建现代公共文化服务体系的实施意见》和各省《公共文化服务实施标准（2015 — 2020 年）》。

3.2 关于中西部地区阅读的政策

推动全民阅读的政策和建设农家书屋的政策都从一定程度上推动了中西部地区阅读工作的开展。2006 年 4 月，中宣部、国家新闻出版广电总局（以下简称总局）会同相关部门共同倡导和开展全民阅读。10 年来，在全国范围内开展了一系列主题鲜明、内容丰富、形式多样的阅读活动，成效日益显著，影响愈加深远（周慧琳，2016）。全民阅读地方立法取得重要进展，江苏、湖北、辽宁、四川、深圳等地先后颁布全民阅读地方立法。25 个省（自治区、直辖市）成立了全民阅读活动组织领导机构，在整合资源、开展活动、宣传推广等方面发挥了重要作用。多个省份将全民阅读工作情况纳入社会经济发展或精神文明建设考评指标体系。

为深入贯彻落实中共中央、国务院《关于推进社会主义新农村建设的若干意见》和《关于进一步加强农村文化建设的意见》，切实解决广大农民群众“买书难、借书难、看书难”的问题，2007 年 3 月，新闻出版总署会同中央文明办、国家发展改革委、科技部、民政部、财政部、农业部、国家人口计生委联合发布了《关于印发〈农家书屋工程实施意见〉的通知》，开始在全国范围内实施“农家书屋”工程。到 2016 年，全国已建成 60 多万个农家书屋，覆盖所有有条件的行政村，推动 10 亿册图书进农村，实现“村村有书屋”，并带动建设职工书屋、社区书屋等 8 万多个。

中西部各省份也都在国家相关政策的基础上，结合各地实际情况出台了相应的政策。例如，2012 年，湖北省政府办公厅在全省范围内发布《省人民政府办公厅关于加强农家书屋工程建设管理工作的意见》，进一步认识加强农家书屋工程建设管理的重要意义；严格建设标准，确保农家书屋质量；强化日常管理，切实发挥农家书屋作用；落实财政保障，建立完善农家书屋长效机制；加强领导，强化农家书屋建设管理责任制。2015 年，山西省在全省发布《关于做好全省农家书屋出版物补充更新工作的通知》，对农家书屋专项补助资金的使用进行了规定，包括资金用途、出版物的选取、出版物更新实施方式等方面。

3.3 关于中小学生阅读的政策

目前，在我国已经出台的一些国家政策中，涉及中小学生阅读的政策有《中国儿童发展纲要（2011—2020 年）》《关于加强新时期中小学图书馆建设与应用工作的意见》和《关于加快构建现代公共文化服务体系的意见》等。

2011 年，国务院印发的《中国儿童发展纲要（2011—2020 年）》提出，要培养儿童的阅读习惯，增加儿童阅读的时间和数量，使 90% 以上的儿童每年至少阅读一本图书；要增加社区图书馆和农村流动图书馆的数量，积极鼓励并引导儿童主动读书，广泛开展图书阅读活动。

2015 年，教育部、文化部、新闻出版广电总局联合出台了《关于加强新时期中小学图书馆建设与应用工作的意见》，其中对中小学图书馆的开放时间、图书馆纳入中小学建设规划的要求、学校开展中小学读书专题活动、中小学生阅读时间、中小学图书馆的家长定期开放日、中小学图书馆的开放及合作进行了规定。

2015 年 1 月，中办、国办印发了《关于加快构建现代公共文化服务体系的意见》，在意见的第六条中指出，“保障特殊群体基本文化权益”。未成年人、农村留守儿童都是公共文化服务的重点对象。“积极开展面向老年人、未成年人的公益性文化艺术培训服务、展演和科技普及活动。开展学龄前儿童基础阅读促进工作和向中小学生推荐优秀出版物、影片、戏曲工作。指导互联网网站、互联网文化企业等开发制作有利于青少年身心健康的优秀作品。将中小学生定期参观博物馆、美术馆、纪念馆、科技馆纳入中小学教育教学活动计划。加强乡村学校少年宫建设。实施青少年体育活动促进计划。”

3.4　关于中小学生阅读扶助的相关措施

3.4.1　以政府为主体的措施

我国政府重视阅读，重视包含阅读在内的公共文化服务，近两年，也开始出台一些相关法案草案，征求意见。例如，2015 年 12 月，国务院法制办公室公布《中华人民共和国公共图书馆法（征求意见稿）》，征求社会各界意见。2016 年 5 月，全国人大常委会公布《中华人民共和国公共文化服务保障法（草案）》，向社会公众征求意见。2016 年 2 月，国家新闻出版广电总局根据国务院立法工作计划起草了《全民阅读促进条例》（征求意见稿）。

此外，相关部门推动阅读相关的活动展开。例如，国家新闻出版广电总局每年暑期都与教育部共同开展农村少年儿童阅读活动。总局 2014 年、2015 年连续两年开展“百社千校”阅读活动，惠及百万中小学生（周慧琳，2016）。国家新闻出版广电总局遴选出百家出版单位与分布在全国各地，特别是老少边穷地区的千所中小学，共同开展“百社千校”阅读活动（王珺，2016）。

2016 年 7 月 5 日，国家新闻出版广电总局在京召开新闻发布会，向全国青少年推荐百种优秀出版物。推荐图书共 78 种，其中思想品德、人文历史类

20 种，科学科普、百科知识类 18 种，启蒙益智、图画绘本类 11 种，儿童文学、青春文学类 29 种，音像电子出版物 22 种。这是国家新闻出版广电总局连续十三次开展此项活动，同时也是首次推荐音像电子类出版物。通过向以中小学生为主体的青少年推荐优秀出版物，有利于引领和推动中小学生阅读，为中小学课外阅读提供了指南。

还有，地方政府部门也大力推动中小学生阅读。例如，广州近年来大力推动经典教育，从 2009 年起，广州就已在全市中小学中启动了诵读中华经典美文表演大赛活动。广州市教育局 2015 年申办校园经典阅读建设工程，为全市 1400 多所中小学各免费配备 200 本经典书目，投入近 3000 万元。在免费配备经典书目的同时，广州市还将实施中小学阅读服务与提升工程，公布全市中小学生阅读现状调查结果，出台广州市教育局关于推进实施学生阅读服务与提升工程的意见。

3.4.2 以图书馆为主体的措施

2015 年 4 月 23 日，北京高校图书馆正式面向中小学生设立参观开放日。开放日分为平时开放日和主题开放日。平时开放日采取集体预约方式，在固定时间内面向中小学生开放，一般一次接待 50 人左右；主题开放日则是图书管根据自身建设特色，打造适合中小学生参加的主题活动，每年会进行更新变化。通过高校图书馆参观开放日的设立，引领中小学生走进阅读殿堂、感受大学文化，并培养中小学生爱学习、爱阅读的良好习惯（杜燕，2015）。

3.4.3 以出版业为主体的措施

从以出版业为主体的角度来看，促进中小学生阅读以提供优质内容读物为基础。从我国少儿出版读物的质量来看，原创能力显著提升，质量不断提高，涌现出一大批精品力作，特别是曹文轩获得 2016 年国际安徒生奖，充分展现了我国少儿出版物的较高水平。“五个一工程”奖、中国出版政府奖、中华优秀出版物奖、“中国好书”、“大众喜爱的 50 种图书”等评奖推优活动推出一大批精品少儿出版物，为青少年阅读提供了优质内容（王志艳，2016）。

国家新闻出版广电总局要求各地新华书店等实体书店和各类网络书店做好百种优秀出版物的展示展销工作，暑假期间，中心城市新华书店要设立专柜、专架，集中展示展销百种优秀出版物（王志艳，2016）。

在“百社千校”活动中，百家出版单位开展多种阅读活动，重点面向“老少边穷”地区的中小学，保障农村留守儿童等特殊困难群体的基本阅读需求。在 2015 年 7 月到 12 月的活动中，百家出版单位邀请儿童文学作家、少儿阅读专家等开展各类读书活动 3176 场次，捐赠图书 238.3 万册，码洋 4680.81 万元，覆盖全国 31 个省（区、市）3976 所学校的 382 万名学生。通过发挥名家名作效应，开展阶梯阅读指导，以内容丰富、形式多样的阅读活动，使越来越多的少年儿童爱上了读书（王珺，2016）。

3.4.4　以社会组织为主体的措施

2015 年，全国妇联开展“每天半小时、书香伴成长”家庭亲子阅读推广活动。活动中，全国妇联儿童工作部倡议家长们每天留出半小时作为亲子阅读时间，在家庭中建立“爱读书、多读书、读好书”的阅读习惯，家长和孩子共同制订家庭读书计划，还倡议广大家长和孩子积极尝试丰富多样的亲子阅读方式，开启亲子阅读新风尚。

2015 年，全国妇联儿童工作部利用世界读书日、“六一”国际儿童节、家庭教育宣传实践月等有利契机，与各级妇联组织上下联动，组织“家庭绘本剧表演”“家庭故事会”“好书分享会”“家长阅读沙龙”等系列亲子阅读活动。

3.5 我国现有政策的总结与启示

纵览我国国内的相关政策，在指导中西部地区中小学阅读的政策方面，基本上都是一些政策中的部分内容涉及中小学生阅读和中西部地区阅读，如公共文化服务政策，有关农村地区阅读的政策，有关儿童发展、中小学图书馆建设的政策等，相关政策无论在范围上还是针对性上都存在不足，很难直接用于指导中西部贫困地区中小学阅读工作。

具体来说，在公共文化服务政策中，有关于文化改革发展、公共文化服务体系建设、基层文化服务中心建设、基层文化队伍培训等政策，其中的部分内容涉及中小学生阅读或者中西部地区阅读；此外，也有关于中小学图书馆建设与应用、贫困地区公共文化服务体系建设的政策。但是，这些政策都是关于公共文化服务政策的，范围及对象都比较宽泛。在有关农村地区阅读的相关政策中，主要有推动全民阅读的政策和建设农家书屋的政策等；此外，新农村建设和农村文化建设方面的政策中也有部分内容涉及解决农民群众阅读难的问题。这些政策能够在一定程度上指导中西部地区阅读工作的开展，政策的对象和范围与中西部贫困地区中小学生阅读有交叉，但是不能完全覆盖，针对性不强。在有关中小学生阅读的相关政策中，主要是在儿童发展、中小学图书馆建设和公共文化服务体系建设等方面有政策内容涉及，但是，同样有针对性不够、不全面的问题。

而在我国现有的关于中小学生阅读扶助措施方面，有一些分别以政府部门、图书馆、出版业、社会组织等为主体实施的具体措施。一方面，政府部门通过出台一些法律草案，征求意见。在这些关于公共图书馆、公共文化服务保障和全民阅读促进的法律草案中，有关于推进包括中小学生在内的全民阅读工作开展的条款。另一方面，政府相关部门或地方政府开展阅读活动，推荐优秀出版物等，都对引领中小学生阅读起到重要的推动作用。图书馆则以开放日、主题活动等形式分散进行，也在一定程度上推进了中小学生阅读习惯的养成。出版业一方面以提供优质阅读内容来促进中小学生阅读，另一方面通过开展阅读活动推进中小学生阅读。此外，全国妇联等社会组织也通过开展阅读活动推进中小学生阅读。

上述关于中小学生阅读的扶助措施对中西部贫困地区中小学生阅读扶助工作有一些作用或借鉴意义，但是专门针对中西部贫困地区中小学生阅读方面的措施还是非常有限的，除法律草案外，只有重点面向“老少边穷”地区中小学、保障农村留守儿童等特殊困难群体的“百社千校”活动是覆盖了中西部贫困地区中小学生的。相关法律法规不完善、不全面；大部分阅读扶助措施都是各地的图书馆、书店或出版单位分散进行的，这对中西部贫困地区中小学生阅读的推进作用是有限的。

第4章

国外相关政策措施

4.1 基于政府主体的阅读扶助措施

4.1.1 促进中小学生阅读的相关法律

很多国家通过立法来贯彻对青少年阅读的要求，如美国的《阅读卓越法》《不让一个孩子落后法案》，日本的《儿童读书推进相关法律》，韩国的《读书文化振兴法》，等等。

1998 年，美国总统签署的《阅读卓越法》中规定：第一，规定了儿童阅读能力的培养目标。对培养学前儿童阅读技能、改进小学老师及其他教学人员阅读教学技能做出规定，特别是明确要求每个儿童在三年级结束前具备独立阅读能力。第二，明确了儿童阅读推广的协同推进体系。规定施行该法案的州必须建立儿童阅读推广协调合作机制。第三，规定了儿童阅读推广的经费保障（徐同亮，2015）。

美国 2002 年生效的《不让一个孩子落后法案》（*No Child Left Behind Act*），对于青少年的阅读能力规定了具体可以操作的标准并通过相应的测试以考察是否达到这些标准。由于该法案中并未明确涉及数字阅读的内容，2015 年 2 月，美国参议院又提出了一个修订案（The Skills Act），在此修订案中强调青少年数字阅读能力的发展（夏扬，2015）。

2001 年，日本制定了针对 18 岁以下未成年人的《儿童读书推进相关法律》，明确规定了 0 岁至 18 岁不同年龄阶段要达到的阅读理解水平；2008 年和 2013 年，日本又两次对该法进行修订（富琳，2014）。

2007 年 4 月，韩国《读书文化振兴法》正式施行，其中明确了读书文化振兴的主体和责任，完善了阅读设施和设备等方面的职责；明确了读书文化振兴的总体规划和实施步骤；明确了读书文化振兴的活动形式及相关主体职责（徐同亮，2015）。

4.1.2　促进中小学生阅读的规划纲要

俄罗斯政府制定了《民族阅读大纲》，大纲要求在出版、运输和传播儿童书籍方面提供国家保护措施；以组织竞赛或其他方式支持和激励作家为儿童和青少年创作出有意义的图书；国家支持图书馆的措施；创建俄联邦国家权力委员会下属的联邦阅读研究中心等（富琳，2014）。

俄罗斯还发布《国家支持与发展阅读纲要》（以下简称《纲要》）。《纲要》从明确机构分工、制定工作方案等方面做出规定。第一，规划了国家阅读事业的发展愿景。第二，界定了阅读相关机构的工作职责。阐述了图书馆、科研机构、出版机构、印刷发行企业等相关机构在促进国民阅读方面具备的现实条件，界定了它们在支持与发展阅读事业中应发挥的基础作用。第三，明确了推进阅读工作的协调机制（徐同亮，2015）。对促进中小学生阅读也有一定的指导作用。

4.1.3　促进中小学生阅读的项目计划

俄罗斯政府于2006年专门出台名为“培养读者阅读兴趣、鼓励年轻人读书”的国家项目，并通过媒体做广告来宣传（富琳，2014）。

美国政府于1994年推出了“家庭参与教育伙伴关系计划”；1995年推出了“儿童读写计划”；1998年，美国联邦教育部展开全国阅读峰会，提出5项挑战，期望各州加速培养儿童阅读能力；美国还开展了多项阅读计划，如“暑期阅读运动”（summer reading campaign）、“阅读优先计划”（reading first）等（富琳，2014；祝新华、廖先，2012）。

英国的Young Readers Programme（年轻读者计划）面向所有中小学生和

儿童中心推行，旨在对教材课程的知识进行有益的扩展和补充。该计划提高了少年儿童读者的识字和理解能力，帮助他们学习如何选择适合的书籍，开发阅读兴趣（莫启仪，2013）。

在法国学校，从小学开始，就有各市政府为青少年制订的月度阅读计划（富琳，2014）。

新加坡政府部门于2007年1月推出了Kids READ Programme（儿童启蒙阅读计划），由图书馆与各个种族的自主团体合作，开展讲故事、游戏、工艺学习的活动，推出一本适合本地小学生阅读的定期书刊Reading Plus，并鼓励学生在课外到图书馆借阅图书，根据学生借阅的图书数量颁布“阅读学士”“阅读硕士”和“博士”等奖状，旨在提高儿童的阅读兴趣和能力，该计划还特别向低收入家庭儿童倾斜（莫启仪，2013）。新加坡教育部还鼓励更多小学参与国家图书馆管理局的“儿童启蒙阅读计划”。

4.1.4 促进中小学生阅读的其他措施

除了立法、制定规划纲要、出台计划及项目来促进中小学生阅读，国外一些政府部门还通过设立能力标准、课程标准、阅读倡议等来推动中小学生阅读的开展。例如，美国和澳大利亚明确将在线阅读能力作为青少年英语语言艺术阅读理解能力测试的重点项目；澳大利亚和英国均已将在线阅读能力纳入中小学课程标准之中，并开设相应课程，以此保证青少年都能获得在线阅读能力教育的机会和条件，以应对将来的社会就业（程瑞，2016）。澳大利亚昆兰州教育局十分重视图书馆关于阅读的倡导，并在教师的课程手册中提醒教师，要鼓励学生利用图书馆阅读各种不同书籍，激发阅读兴趣；鼓励学生对阅读内容提出自己的建议和说出阅读的经验；介绍学生认识不同的作家等（莫启仪，2013）。

还有的政府部门直接举办活动促进中小学生阅读。例如，俄罗斯教育科学部、文化部、联邦出版与大众传媒署和莫斯科政府联合举办全国性的“阅读经典”竞赛（富琳，2014）。

也有政府部门通过制定课程标准推动中小学生阅读。国外一些课程目标十分强调语文教学必须肩负起培养学生阅读自主性这一能力的重任。例如，美国纽约州课程标准要求学生应能自发地带着不同目的进行阅读；英国最新的中学课程标准则希望学生应能准确判断不同篇章的用处，确认与自己阅读目的相关的篇章（祝新华、廖先，2012）。

此外，一些国家政府还通过一些间接措施促进中小学生阅读。例如，为了吸引更多的青少年进入图书馆，美国政府专门为图书馆等教育机构提供了较低的互联网接入资费，联邦通信委员会还拨款资助图书馆接入宽带以及部署无线电区域网，这使上网更迅速更便捷。这些都是吸引青少年进入图书馆的措施（夏扬，2015）。

4.2　基于学校主体的阅读扶助措施

4.2.1　促进中小学生阅读的校内资源保障

促进中小学生阅读的校内资源保障体现在两方面，一是时间资源，二是阅读资源。在时间资源方面，学校对学生阅读有一定的时间安排。例如，韩国在学校推广“十分钟早读”活动，在每日正式课程开始前，由学生读书 10 分钟，通过这种集体阅读培养学生积极的人生态度（夏扬，2015）；而在美国，阅读是小学课堂上的主流教学活动，每天都有固定的阅读时间，阅读时间是神圣的，不可被随意占用、挪用或打扰（富琳，2014）。

此外，阅读扶助也体现在学校为学生提供充足的阅读资源。例如，美国儿童在小学阶段，即有“I Can Read”这样的分级读物可以在学校资源充足、全天开放的图书馆中借到（富琳，2014）。

4.2.2 促进中小学生阅读的校内组织方式

促进中小学生阅读的校内组织方式有多种。第一，可以采用“文学圈”形式，即以学生合作阅读为特点的广泛阅读模式。实施时，班内4-6名同学组成一个小团体，这些学生有共同的兴趣阅读某个故事或某本书。组内每个成员都任某特定的角色，承担相应的职责，如“讨论引导者”负责领导整个小组的讨论，“分享者”负责将所读内容与平时生活联系起来，“词汇高手”要找出所读书籍中的重要词汇等（祝新华、廖先，2012）。在这种方式中，如果辅之以教师在小组讨论等方面的指导，效果会更好。

第二，以主题阅读为基础的广泛阅读活动。在教师的指导下，学生可以从自己的兴趣出发，自由选择图书、多媒体材料、互联网、报纸、杂志等阅读材料，较阅读教科书等平面材料，更接近真实世界的阅读环境；围绕某个主题进行大量的阅读，学生可以更深入地了解相关知识（祝新华、廖先，2012）。

第三，“读者剧场”形式。通过“读者剧场”形式，学生能够把有趣的阅读材料转化为剧本，激发学生的参与热情，同时促进学生的阅读互动交往。小组成员一起合作准备表演、与家长一起讨论剧本素材都能让学生获得很多乐趣；学生的朗读技能也能得到提高（祝新华、廖先，2012）。

4.3 基于图书馆主体的阅读扶助措施

4.3.1 公共图书馆中设立儿童阅读区域

一些国家的公共图书馆都重视在其中设立专门的儿童阅读区域或儿童图

书馆，同时，图书馆经常举办读书活动，激励和培养学生形成阅读的好习惯。例如，在法国巴黎，有面向青少年开放的图书馆——“快乐时光”（富琳，2014）；丹麦图书馆开设专门的儿童图书区及阅览室；肯尼亚国家图书馆定期举办读书俱乐部等儿童读书活动让学生在游戏的欢乐中养成喜爱读书的好习惯，为学生创造学习、读书、交流、分享的机会，让学生拥有读书的基础条件与乐趣（贾小华，2015）。

4.3.2 公共图书馆创造性地开展活动

公共图书馆通过多种方式创造性地开展活动，吸引中小学生前来阅读、爱上阅读。例如，韩国的公共图书馆为了吸引孩子们进入图书馆，组织一些与学校课程相关的活动，如阅读与作文、哲学课堂、英语阅读、中文学习、日语基础、数学故事、科学课堂等。这些活动基于学校课堂中讲授的知识，容易引起学生的兴趣并积极加入，更方便引导学生做更深层次的阅读，提高学生的阅读量，培养了学生对图书馆的感情以及利用图书馆的能力；韩国国家图书馆还设计了“阅读治疗”活动，专门针对青少年，逐渐培养他们热爱阅读的习惯（夏扬，2015）。

美国国会图书馆和美国公益广告协会曾经共同推出一系列新的公益广告，以鼓励父母和子女阅读，并激励他们成为终身学习者（莫启仪，2013）。

芝加哥图书馆与众多文化机构和各类博物馆进行合作，不仅免费提供给读者一些特色音乐会的门票，还给予读者能够免费进入芝加哥博物馆和其他文化场所的权利。另外芝加哥图书馆经常在各馆舍举办精彩纷呈的展览，包括知名作家生平介绍及其作品展览，还有芝加哥历史、特殊收藏、戏剧和绘画等方面的艺术展览等。这些活动激起了青少年读书的热情，让阅读这一文化活动更加丰富（朱清馨，2015）。

4.4 基于出版业主体的阅读扶助措施

作为阅读推广主体的一部分，国外出版业也在一定程度上参与了中小学阅读扶助。例如，2012 年，根据俄罗斯出版协会和书商联合会的倡议，俄罗斯有关部门展开了“阅读好书吧！”活动，把经典书目制成录像短片、音乐电视短片在俄罗斯联邦各电视台、电台播放，以提高青少年对于阅读的兴趣（莫启仪，2013）。

英国的阅读活动贯穿全年，每年单是学校、图书馆、书店所举办的庆祝活动便已超过 1000 项，英国的教育机构和书店还会向小朋友们发放面值 1 英镑的图书日代用券，让他们在图书日成员店里换购一本自己喜欢的书（富琳，2014）。

4.5 基于社会组织主体的阅读扶助措施

国外的志愿者、公益组织等也对推进中小学生阅读工作进行了很多尝试。例如，“终身阅读者”（Lifelong Readers）是欧洲一家专门从事青少年阅读推广的组织。该组织的活动得到欧盟经费的资助，主要任务是设计阅读推广工作，并为学校以及图书馆提供阅读推广工作活动的建议和辅导（夏扬，2015）。该组织还曾发起一项称为“必须浏览的网站”（Must-Read Websites’ Poster）活动，在老师或者图书管理员的指导下，让青少年制作网站的介绍和海报，发挥他们的特长，同时也使他们认识阅读的价值，引导他们进行相关的阅读（夏扬，2015）。

在法国，有由 50 岁以上志愿者组成的“读与伴读”协会，激发孩子们对阅读的兴趣（富琳，2014）。印度的志愿者则成立了农村图书馆基金会，用于支持青少年的公共阅读（夏秋菊，2015）。

4.6　国外相关扶助政策措施带来的启示

通过对国外相关扶助政策措施进行梳理后发现，政府、学校、图书馆、出版业以及社会组织分别作为中小学阅读扶助的主体，各有不同的策略，对推动中小学生形成阅读习惯、推进中小学生阅读起到了重要的作用。

国外政府部门作为中小学阅读扶助的主体，非常注重立法对中小学生阅读的作用，美国、日本、韩国都出台了促进学生阅读的法律法规，对中小学生的阅读能力、阅读推广等方面做出了法律规定。俄罗斯则通过出台《民族阅读大纲》和《国家支持与发展阅读纲要》来明确与阅读相关的机构的职责，支持有意义的图书创作，支持图书馆发展等，为中小学生阅读提供保障。一些国家的政府部门还通过设立中小学生阅读相关的项目计划来推动中小学生阅读工作，如俄罗斯、美国、英国、法国、新加坡等国家都出台了相关的阅读计划，不管是以挑战竞赛的形式，还是以定期阅读的形式，针对中小学生的阅读活动效果都较好；新加坡政府部门的“儿童启蒙阅读计划”还特别向低收入家庭中的儿童倾斜，体现了青少年公平享有阅读权利的观念。此外，国外一些政府部门还通过设立能力标准、课程标准、阅读倡议等来推动中小学生阅读的开展，如美国、澳大利亚等。通过资料梳理还发现，国外推动中小学生阅读的政府部门并不单一，包括中央和地方政府部门、教育部门、文化部门、出版与传媒署等。

在学校主体方面，国外中小学学校一方面通过提供充足的时间资源和阅读资源来保障校内阅读；另一方面，通过组织丰富多样的校园阅读活动促进中小学生阅读。

在图书馆主体方面，国外图书馆一方面通过在公共图书馆设立儿童阅读专区培养儿童阅读习惯，通过开展阅读活动促进中小学生阅读；另一方面，通过与文化机构和博物馆机构合作，为中小学生提供广泛的文化服务。

在出版业主体方面，国外出版业一方面举办专门活动提高中小学生的阅读兴趣；另一方面，出版业与其他机构合作组织活动促进中小学生购买和阅读图书。

在社会组织主体方面，很多国家都有专门促进中小学生阅读的志愿者和公益组织，通过组织阅读推广活动以激发中小学生的阅读兴趣。公益组织得到政府部门的经费支持，设计阅读推广工作，与学校、图书馆等合作，促进中小学生阅读，如欧洲的“终身阅读者”组织。

第5章

调研设计、实施及数据统计分析

5.1 调研设计及实施过程

5.1.1 调研设计

调研设计包括三个步骤，一是明确理论基础，二是明确调研目的，三是设计访谈提纲和调查问卷。

（1）明确理论基础。通过文献研究明确了课题研究的理论基础，即以公共服务和公共服务营销理论为主要的理论依据。

（2）明确调研目的。调研目的主要是通过调研了解中西部贫困地区中小学阅读的现状，发现问题及成因，研究阅读扶助政策的作用机制，提出政策建议。

（3）设计访谈提纲和调查问卷。设计依据是全民阅读调查、公共服务营销及前期相关研究成果。课题组在 2016 年 7 月初开展了预调研。预调研选择了国家级贫困县之一的湖北省恩施市，对当地的高中教师进行了访谈。在预调研的基础上修改完善了访谈提纲和调查问卷。形成六类针对不同对象（政府部门、图书馆、书店、中小学学生、中小学教师、中小学家长）的访谈提纲和针对三种不同对象（中小学学生、中小学教师、中小学家长）的调查问卷。各类访谈提纲或调查问卷是以其在阅读扶助机制中的关联性为依据设计的，详见附录 1 和附录 2。

5.1.2 调研实施过程

课题组于 2016 年 7 月初开展预调研，选择了国家级贫困县中的湖北省恩施市，对该市的一位高中教师和一位同校的图书馆管理员进行电话访谈。

根据预调研情况，对访谈提纲初稿和调查问卷初稿都进行了完善。

随后，课题组选择了国家级贫困县中的贵州省道真县、正安县、长顺县，以及云南省的漾濞县进行实地调研。实地调研情况如下。（1）在贵州省的调研，是由4名课题组成员在2016年8月8日至10日进行的，重点对正安县图书馆和道真县图书馆进行调研访谈，还分别对这两家图书馆的三个合作对象——正安县格林镇兴隆小学、正安县瑞溪镇综合文化站、道真县星空网吧书吧进行调研访谈；此外，课题组还对长顺县的民营书店进行了访谈。根据调研设计，课题组还在道真县、正安县、长顺县对多位中小学学生、家长和教师进行访谈，回收了大量调查问卷。（2）一位课题组成员在8月15日对云南省漾濞县进行实地调研，对几位中小学学生、家长和教师进行访谈，还回收了一些调查问卷。（3）一位课题组成员于8月1日对新疆维吾尔自治区乌鲁木齐市新华书店的员工进行了访谈①。（4）一位课题组成员于12月15日对甘肃省教育部门工作人员进行了访谈。

在实地调研的过程中，课题组发现，正安县图书馆作为中西部贫困地区基层图书馆，充分利用和开发阅读资源，在高效完成传统图书馆工作之外，该馆馆长冯康还结合当地实际情况，带领图书馆员创造性地开展“大手牵小手”活动，设立“亲情视频通话室”“留守儿童辅导室”等，走在了同级图书馆的前列，被省内多个县级图书馆学习采用，对推动当地中小学生阅读等工作产生积极的效果。此外，该馆“无孔不入地搞好服务”②的理念也对课题组开展课题研究带来一定的启发。

在贵州省道真县调研时，课题组也有一个有趣的发现。道真县图书馆有一个送书点是网吧。虽然网吧的目标顾客群体是18～30岁的年轻人，但是

① 虽然乌鲁木齐市不属于贫困地区，但是作为中西部地区的重要城市之一，有适当的机会，还是对乌鲁木齐市新华书店进行了访谈，借以对中西部地区的国有书店推动中小学生阅读的情况有所了解。

② “无孔不入地搞好服务”是正安县图书馆的主管领导——正安县文广局骆科伦副局长对该馆的评价。

该网吧和县图书馆合作，在营业场所中开辟出空间做书吧也是一种创新。图书馆张韬馆长提到“在一切可能的地方抢占文化阵地”的观念，对课题组提出的促进中小学生阅读措施也是一种启发。

在 8 月份，课题组通过实地调研发放调查问卷、手机版问卷等多种形式发放和回收调查问卷。发放调查问卷的区域都是国家级贫困县，共 11 个。包括广西壮族自治区的上林县和富川县，云南省的漾濞县，贵州省的道真县、正安县和长顺县，青海省的杂多县，重庆市的万州区，湖南省的新化县，陕西省的印台区，河南省的兰考县。

调研回收数据资料的情况是：调研访谈共 36 人次，共形成访谈记录 31 份（含预调研访谈记录 1 份），共回收问卷 619 份。

5.2 问卷调查结果的统计分析

本次问卷调查围绕中西部贫困地区中小学生阅读情况展开，调查对象为中小学生、学生家长、中小学教师，调查范围涉及贵州、青海、陕西等 9 个省份的贫困县。调查问卷由三部分组成：第一类调查对象为中小学生，主要调查学生对阅读书籍的保有情况、阅读时长、家庭及学校的阅读氛围、图书获取的便利性、数字阅读情况等；第二类调查对象为中小学教师，主要调查学校阅读的软硬件环境、学生阅读中的困难等；第三类调查对象为学生家长，主要调查父母在孩子阅读中的参与情况等。本次调查历时 2 个月，经统计，共收回问卷 619 份。其中有效问卷 604 份，有效率达 98%，符合问卷调查的要求和标准。问卷分布及数量统计情况见图 5-1，问卷调查对象及数量统计情况见图 5-2。

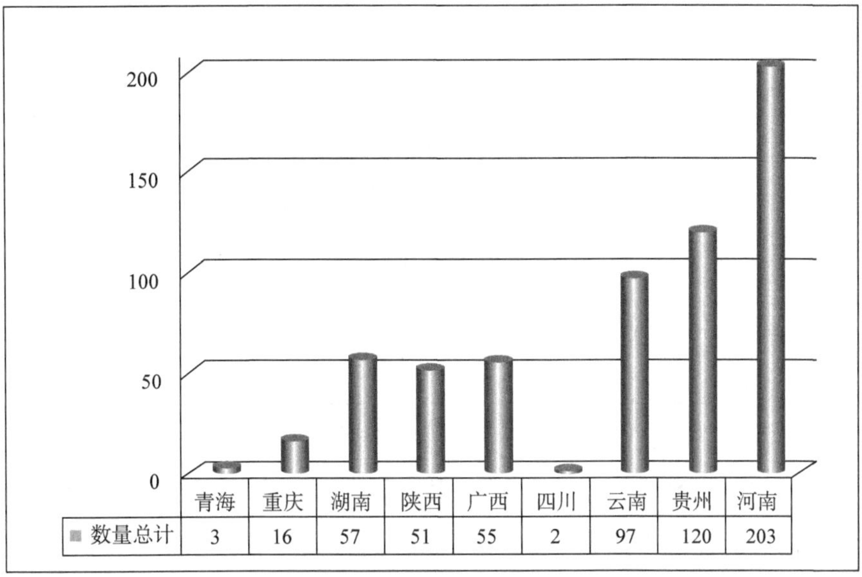

图 5-1　问卷分布及数量统计

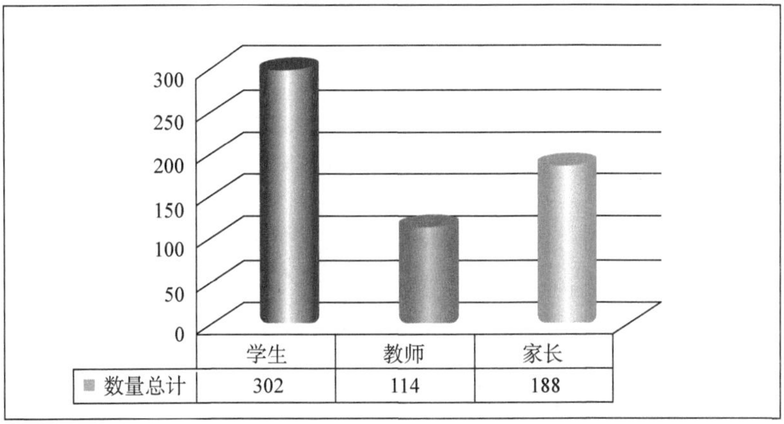

图 5-2　问卷调查对象及数量统计

5.2.1　针对学生的主要调查指标、数据结果及分析

在学生样本中，小学生、初中生和高中生的比例比较适中，见图 5-3。

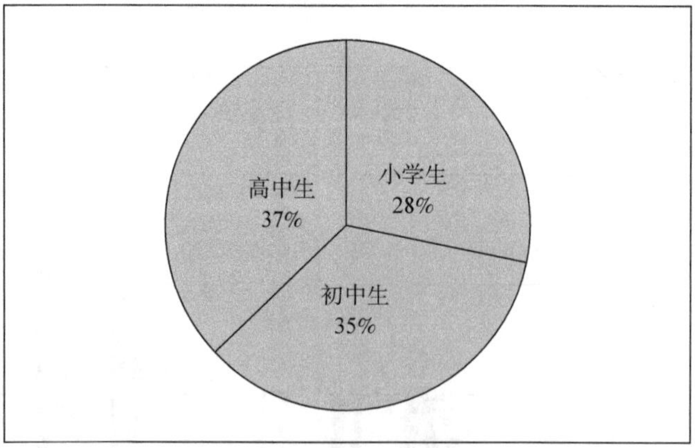

图 5-3 学生样本占比

从调查结果来看，学生的课外书数量有限，少于 5 本的占 27%，66% 的学生拥有的课外书数量在 20 本以下，拥有课外书 50 本以上的学生仅占 15%（见图 5-4），明显低于城市学生课外书的拥有量。

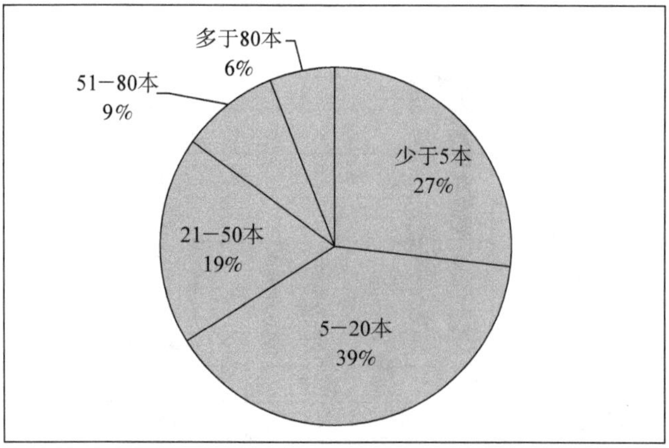

图 5-4 学生课外书拥有量

从图 5-5 可以看出，53% 的学生每年读的课外书在 6 本以下，即每月平均不足半本课外书的阅读量。每月平均多于一本书（即每年多于 12 本）的学生仅占 17%。

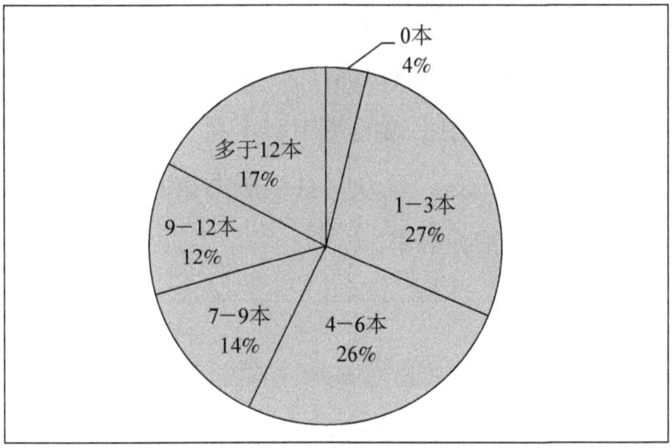

图 5-5　学生每年阅读课外书的数量

从学生获取图书的情况来看，购书在大多数学生看来很方便，网上书城、校园书店、新华书店、独立书店、图书市场等购书渠道基本上可以满足学生的购买要求。购书是学生课外书的主要来源，而图书馆，尤其是区县图书馆的使用程度并不高，见图 5-6。

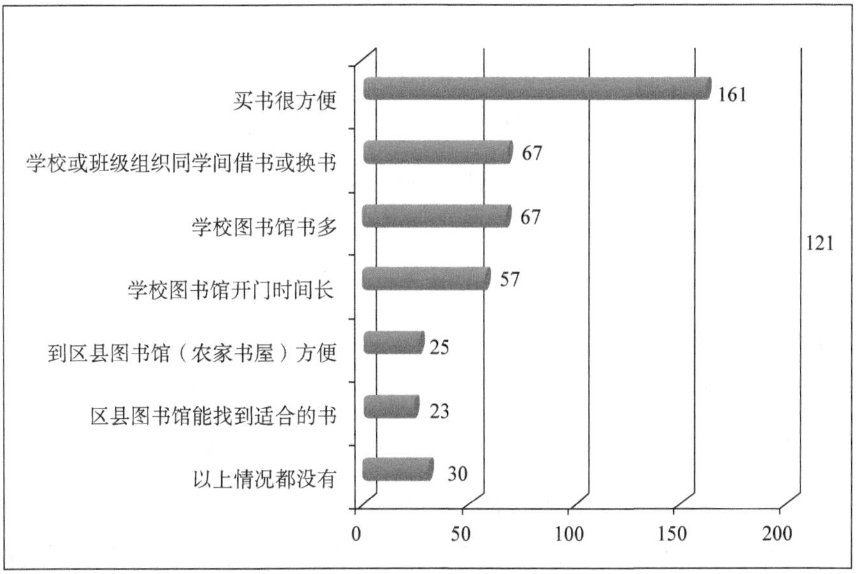

图 5-6　学生获取图书的途径

从图 5-7 可以看出，除了购买课外书，同学间换书或借书是图书交流最主要的渠道，超过了在图书馆借书的情况，更远大于在县城图书馆或农家书屋借书的情况，可见，基层图书馆的使用率不高。课题组在实地调研中也有一致的发现，在个别贫困地区，民众对县级图书馆的知晓率偏低，一部分学生及家长不知道当地图书馆在哪里。

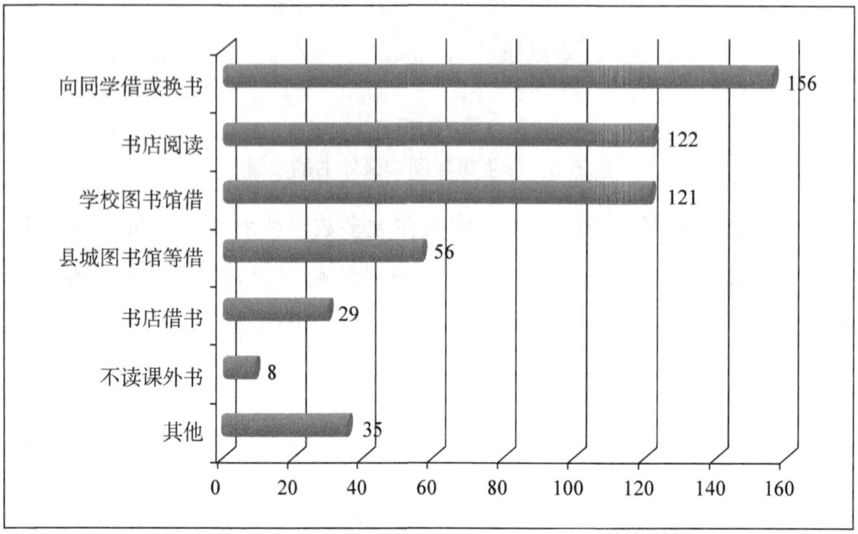

图 5-7　除购书外学生获取图书的途径

值得注意的是，在学生的图书保有量本来就比较低的情况下，向同学借书或换书反而成为课外书的重要来源，学生课外阅读状况不容乐观，可见图书分享平台的扩大和完善对中小学生阅读非常重要。

在全部学生样本（302 份）中，使用手机作为数字阅读工具的有 217 人，比例约达到 72%，见图 5-8。大多数学生在数字阅读时选择手机阅读，可见手机不仅是许多成年人数字阅读的主要工具，还是中小学生数字阅读的主要工具，然而，手机阅读的内容往往不系统，阅读趋向娱乐化、碎片化，容易导致学生的懒惰情绪，对自己无法理解的东西懒于深究，而倾向于选择轻松、消遣化的阅读。可见针对中小学生的手机阅读，我们仍然需要探索更加适合青少年的途径、方式及内容。

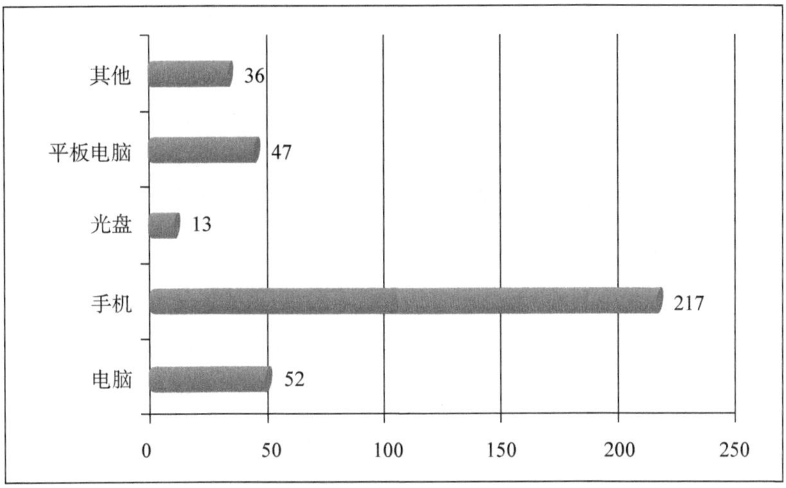

图 5-8　学生数字阅读工具

在对学生每周进行课外阅读的时间进行调查时发现，59% 的学生每周阅读课外书的时间在 3 小时以下，少于 1 小时的情况占到 22%，可见多数学生不能做到每天阅读课外书，平均每天拿出一小时时间进行阅读的学生仅占 9%，见图 5-9。而造成这种结果的主要原因则是作业太多，见图 5-10。

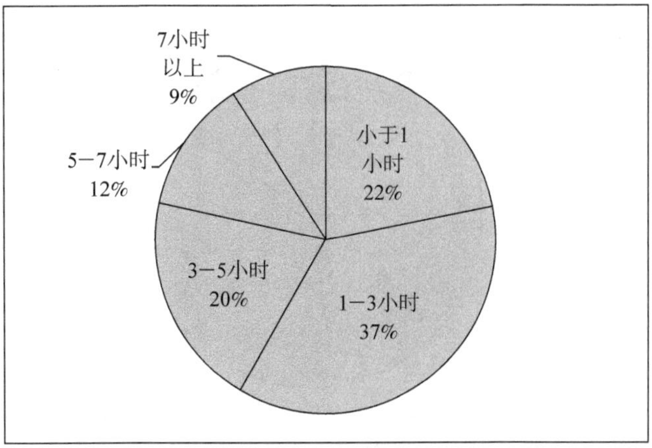

图 5-9　学生每周进行课外阅读的时间

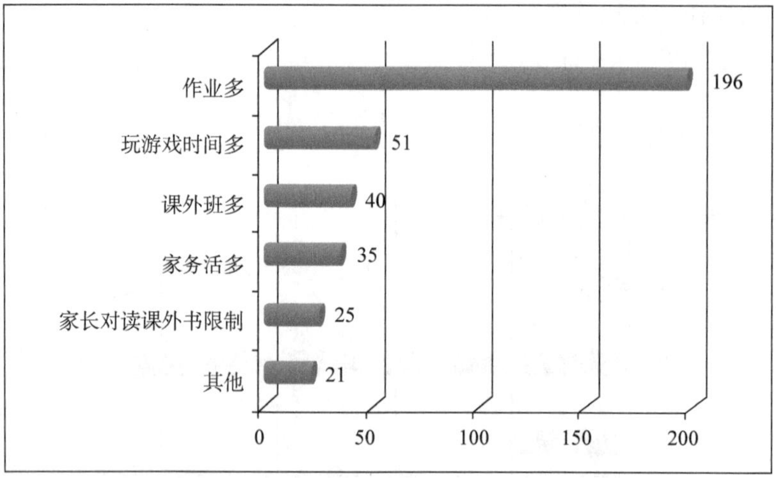

图 5-10　学生课外阅读时间不充足的原因

将图 5-11 与图 5-12 对比来看，学生每月平均去书店的次数大于去图书馆的次数，可见对学生来说，周边书店的可及性大于图书馆的可及性。图书馆在其服务宣传和活动吸引方面有待加强，需要针对中小学生推出更加明确的主题和更丰富的书目。

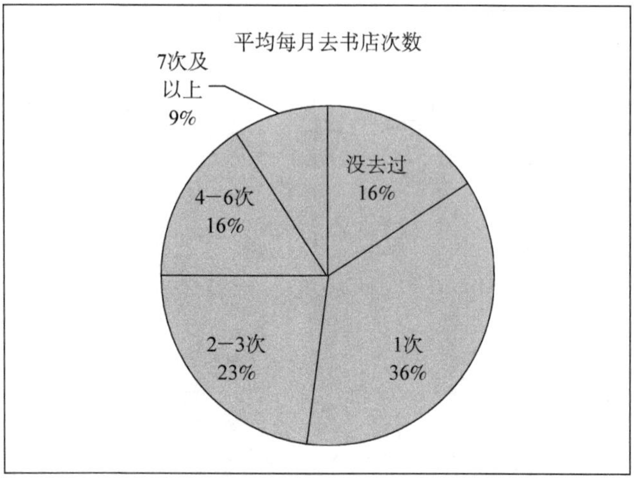

图 5-11　学生平均每月去书店次数

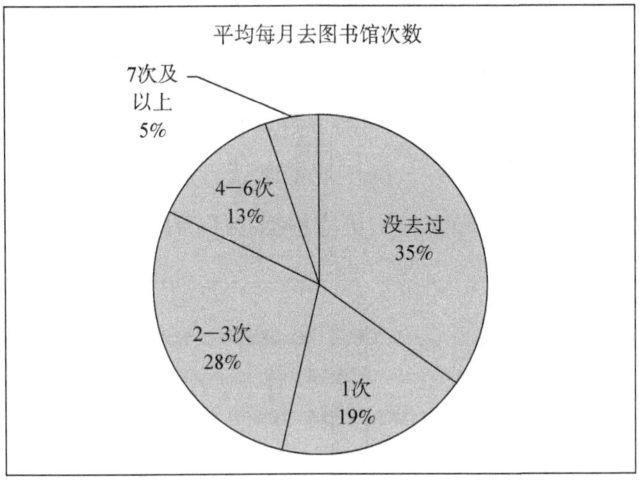

图 5-12 学生平均每月去图书馆次数

从图 5-13 可以看出，大部分学生没有与家长一起读书或讨论图书的情况，可见家庭阅读并没有得到足够重视。

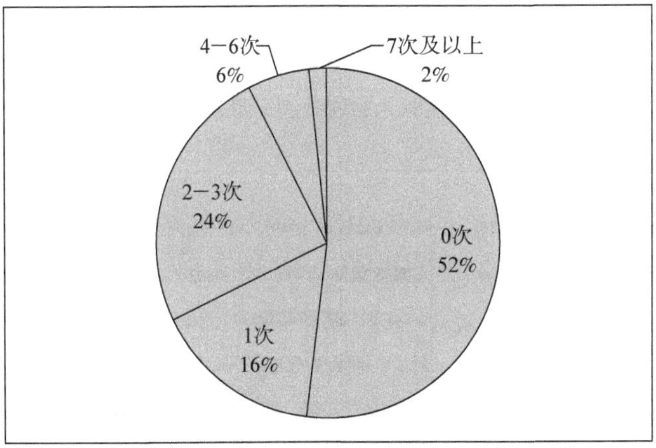

图 5-13 学生和家长每周讨论图书的次数

由图 5-14 和图 5-15 可以看出，影响学生阅读的最主要因素是找不到合适的书，而如果有人能够告诉学生应该读哪些书，对于阅读的促进作用应该是明显的。所以，政府、家长、老师三方，都应更加重视中小学生阅读的引导和书目的选择。在政府层面，需要完善现有的中小学生阅读书目推荐。尤其对于低年级学生，不仅仅提供书目清单，还可以丰富推荐形式，对所推荐目录进行简短的介绍。可以选择一两个青少年喜欢的书中经典人物设计成卡通形象，成为“形象代言人”，制作成动画或者漫画，通过公益形式传播，呼吁青少年多读书。老师和家长则更应根据孩子的兴趣，进行个性化的选择。

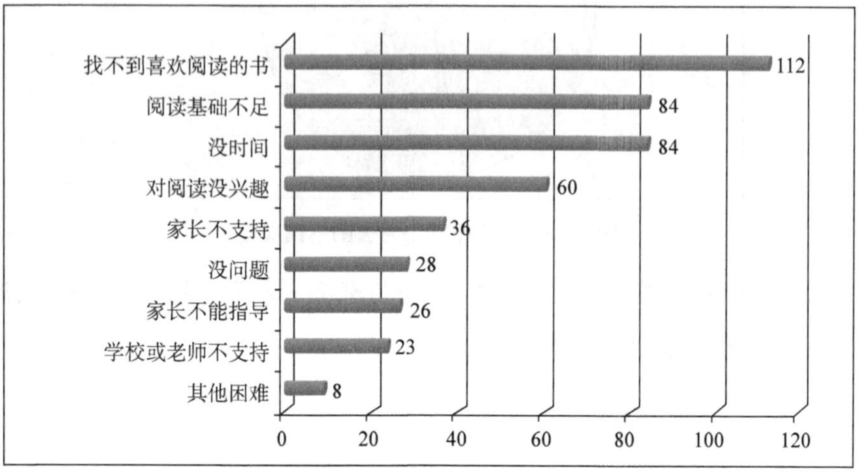

图 5-14　学生认为给课外阅读带来困难的因素

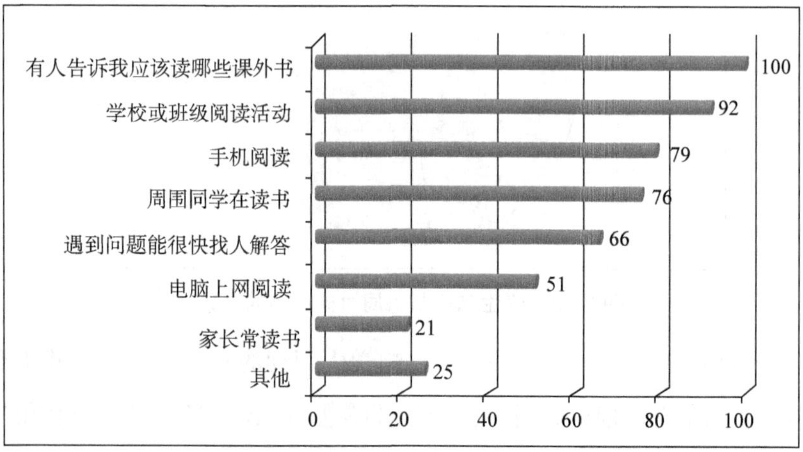

图 5-15　能让学生喜欢阅读的因素

5.2.2　针对学生家长的主要调查指标、数据结果及分析

因为小学生阅读对家长的依赖性更高，所以样本选取时注重对小学生家长的选择，小学生家长在调查中占比超过 50%，见图 5-16。

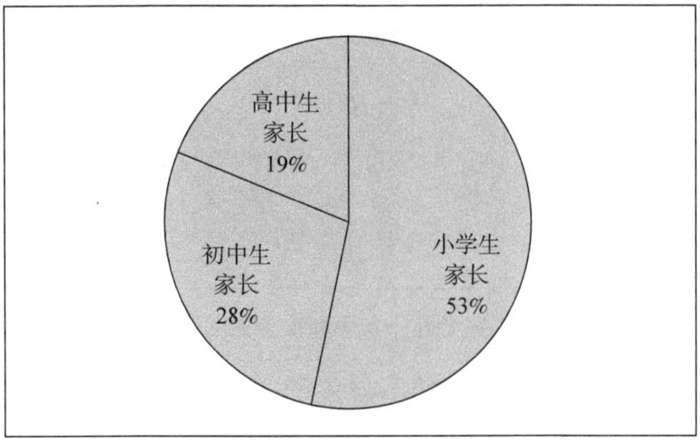

图 5-16　学生家长样本占比

由图 5-17 和图 5-18 可知，家长与孩子共同去书店的次数高于去图书馆的次数，可见对于家长和孩子来说，去书店更方便，书店的可及性更高。

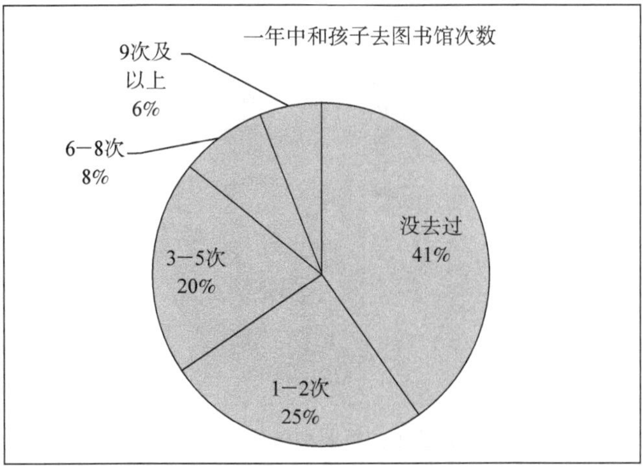

图 5-17　家长在一年中和孩子去图书馆的次数

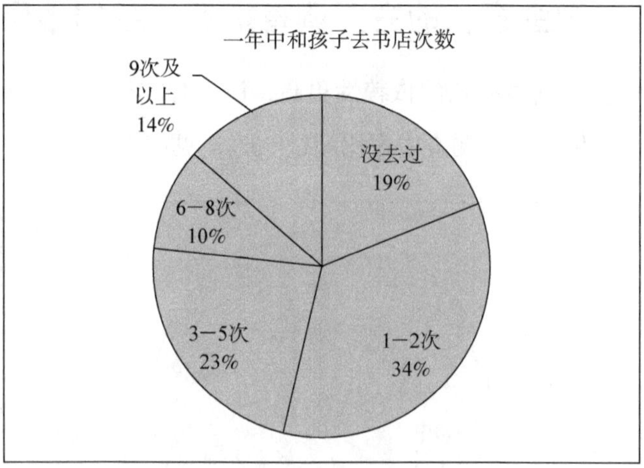

图 5-18　家长在一年中和孩子去书店的次数

由图 5-19 可知，29% 的家长不与孩子一起阅读或讨论图书，23% 的家庭每周仅有一次。可见约有半数的父母对孩子的阅读属于零参与或零星参与状态。而做到平均每天都有交流的仅占 3%，比例极低。所以家庭阅读氛围的培养有待大幅度提高。

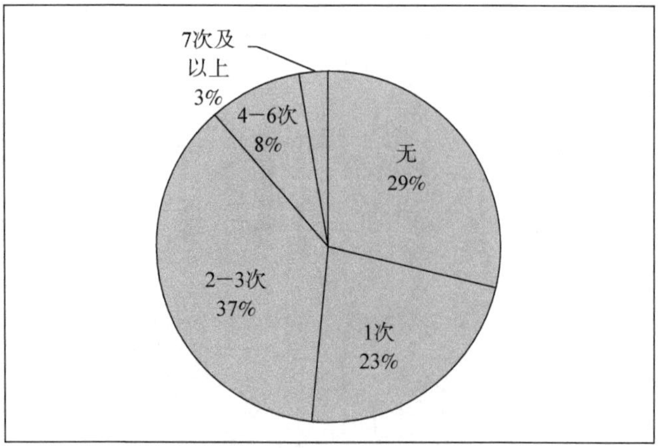

图 5-19　家长平均每周和孩子讨论图书的次数

通过对家长进行问卷调查发现，有 19% 的学生家长在家并不读书，57% 的家长每年读书不足 3 本，见图 5-20。家长自身的阅读状况欠佳。结合前文对学生与家长讨论图书的情况来看，家庭阅读氛围还较差。

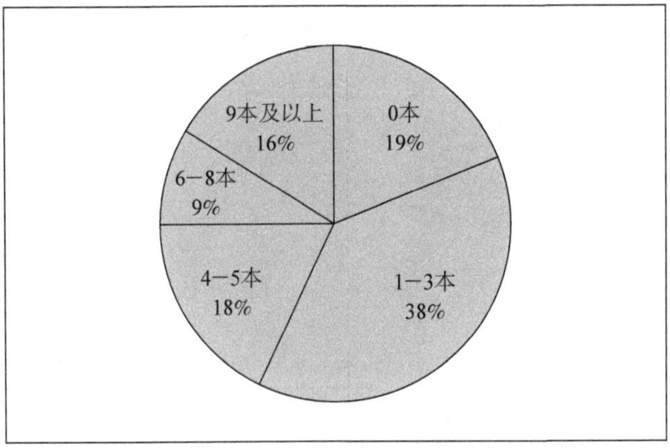

图 5-20 家长自己一年读书的数量

从图 5-21 可见，42% 的家长对孩子的阅读活动参与次数为零，家长参与孩子阅读活动的情况较差，同样也与家庭阅读氛围、家长对孩子阅读的态度形成佐证。

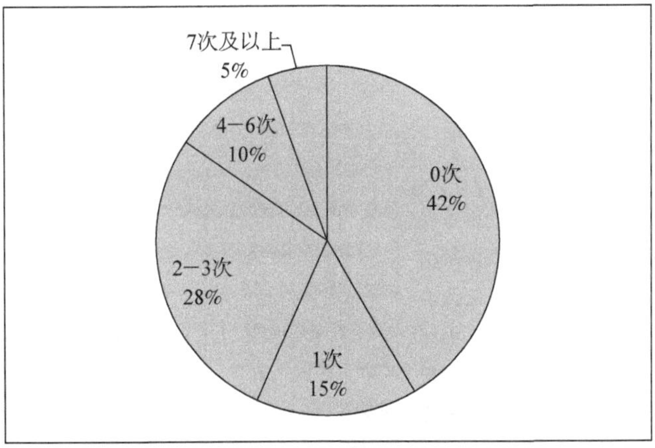

图 5-21 家长在一年内参与孩子阅读活动的次数

从图 5-22 可以看出，家长对孩子阅读活动的参与率低，不能简单归咎于家庭内部原因，社会及学校阅读活动少也是重要的影响因素。

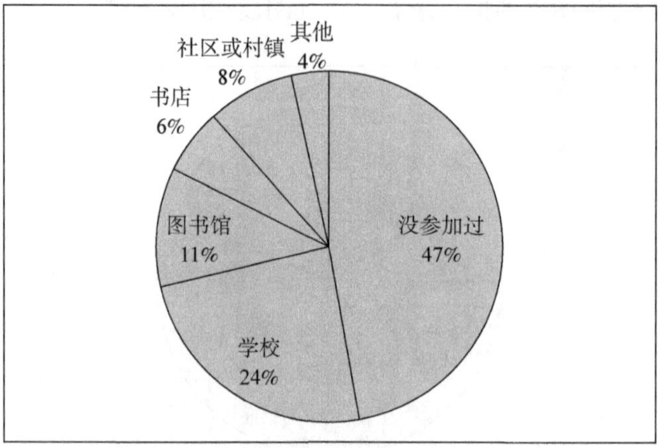

图 5-22　家长参与孩子阅读活动的组织方

从图 5-23 可以看出，家长认为孩子功课多是影响阅读的主要因素，同时家长认为孩子对阅读没有兴趣也是重要原因，这与学生的看法并不一致。学生认为选书时的无助才是影响阅读的最大障碍，双方认识的不同更加剧了学生选书时的困难。所以，在学生阅读方面，家长应该更加关心孩子的需求，而不是仅仅将孩子的不读书归咎于作业多、没兴趣。

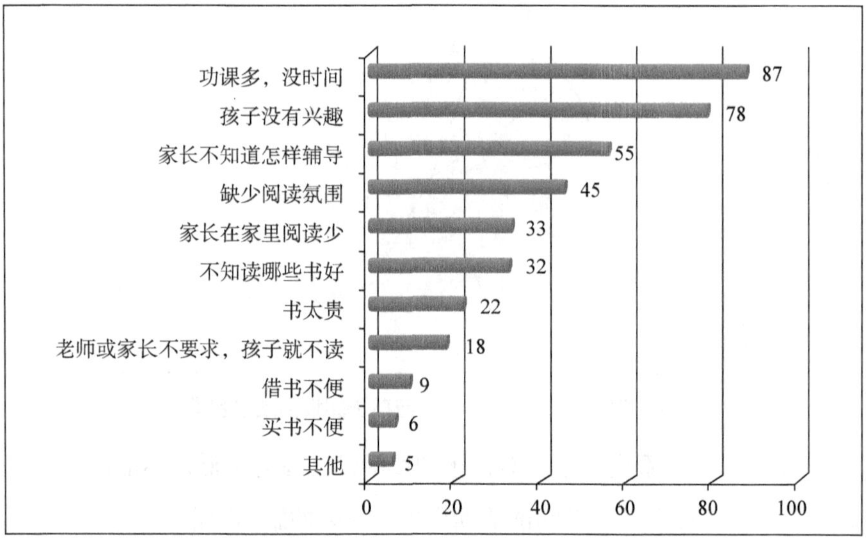

图 5-23　家长认为会给学生课外阅读带来困难的因素

从图 5-24 可以看出，家长认为学校开展读书活动是提高学生阅读兴趣的主要因素，这与多数家长的一贯想法一致，认为学生兴趣的培养主要来自学校的努力，容易忽视家庭阅读氛围的构建。

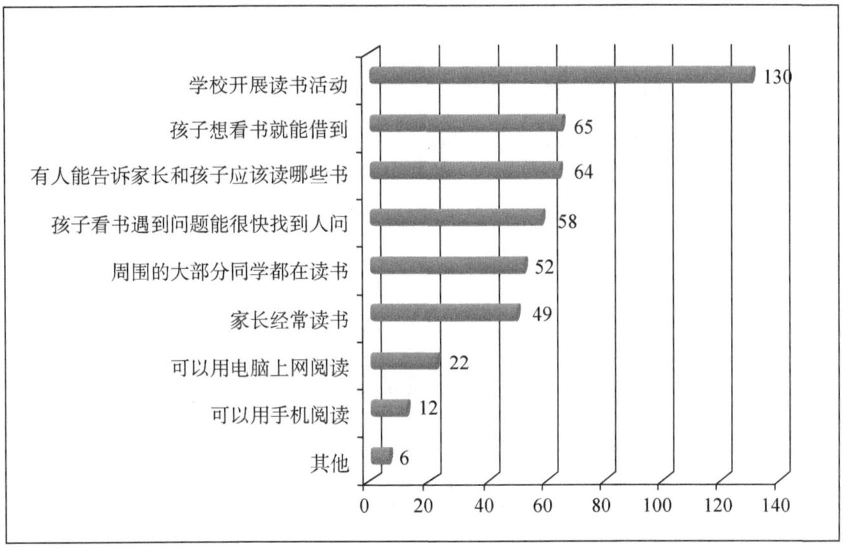

图 5-24 家长认为能够提高学生课外阅读兴趣的因素

5.2.3 针对老师的主要调查指标、数据结果及分析

在对老师进行问卷调查时，小学、初中、高中阶段的老师比例分别为55%、26% 和 19%，小学老师占比超过一半，见图 5-25。

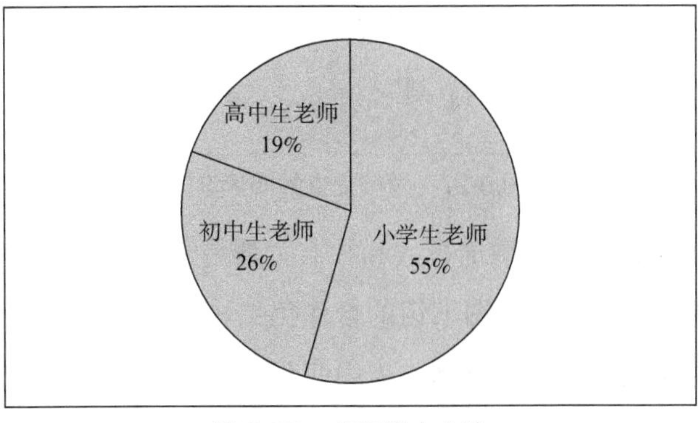

图 5-25 老师样本占比

从图5-26可以看出，“要求学生定期读书”是大部分学校采取的阅读活动。世界读书日的活动普及率仍然不高。

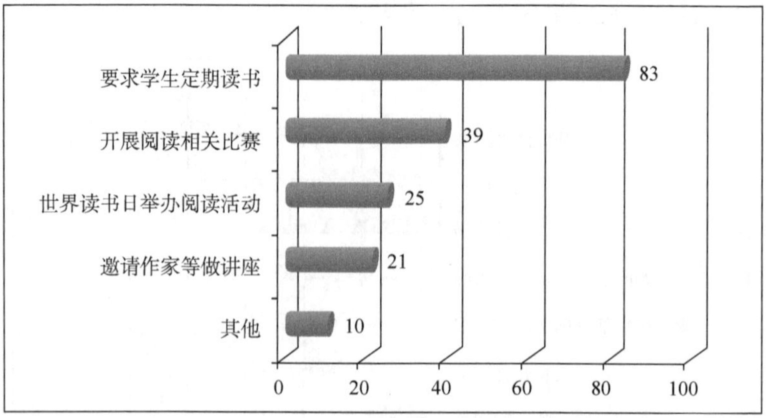

图 5-26　学校开展促进阅读的活动

从图 5-27 可以看出，仍然有 24% 的学校没有图书馆或图书角，一些学校缺乏促进学生阅读的基本设施，学生阅读促进工作存在困难。

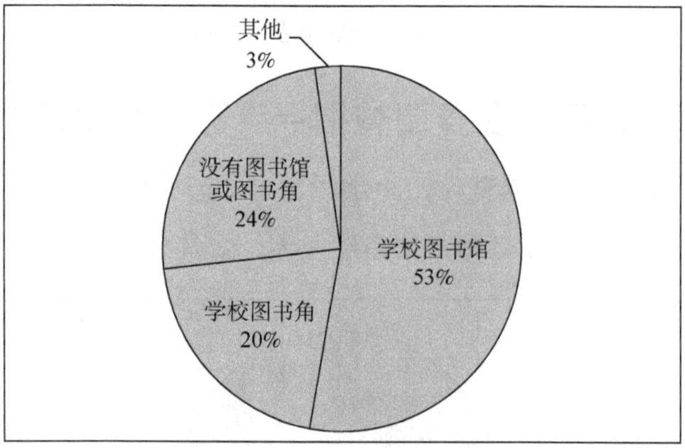

图 5-27　学校提供的阅读设施

从图 5-28 可以看出，政府投入和社会捐赠是学校阅读设施建设中的主要资金支持来源，学校与公共图书馆的合作仍然较少，在中小学图书馆建设中希望可以有更加宽松的合作机制，为中西部欠发达地区中小学生提供更多书籍和良好的阅读环境。

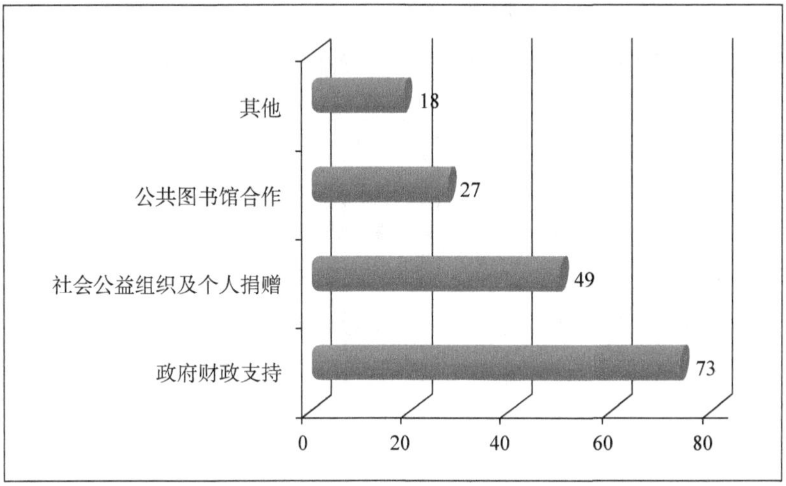

图 5-28 学校阅读设施建设中的资金支持来源

从图 5-29 可以看出，在学生的阅读困难方面，老师认为学生没有兴趣阅读是最主要的影响因素，这与学生的认识是不一致的。同时，老师认识到学生功课多也给学生的阅读带来阻碍。但与家长认识不一致的是，老师认为“家长不知道怎样辅导孩子阅读”占了重要的比重，而家长对自己的角色认识显然是不够的。

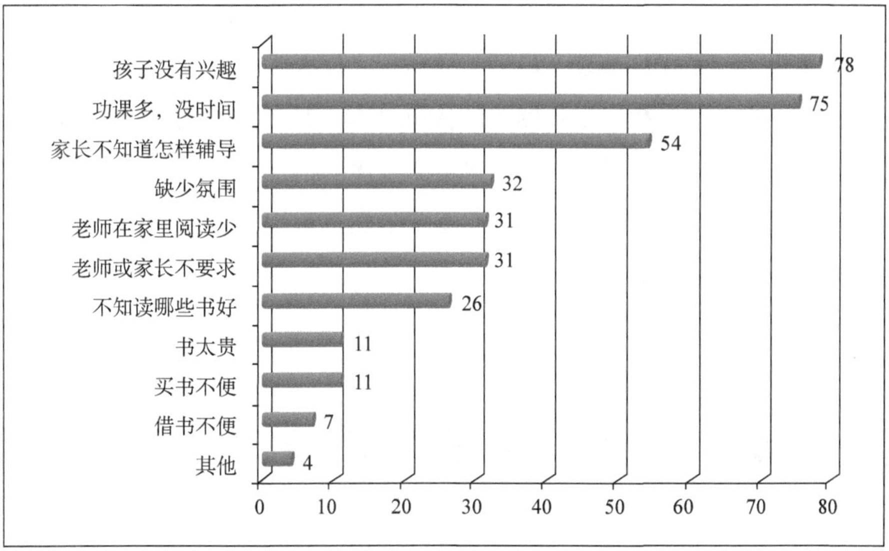

图 5-29 老师认为给学生课外阅读带来困难的因素

与家长的看法一致，老师也认为学校开展读书活动是提高学生阅读兴趣的主要因素，见图 5-30，学校对学生阅读兴趣的培养承担着最主要的责任。

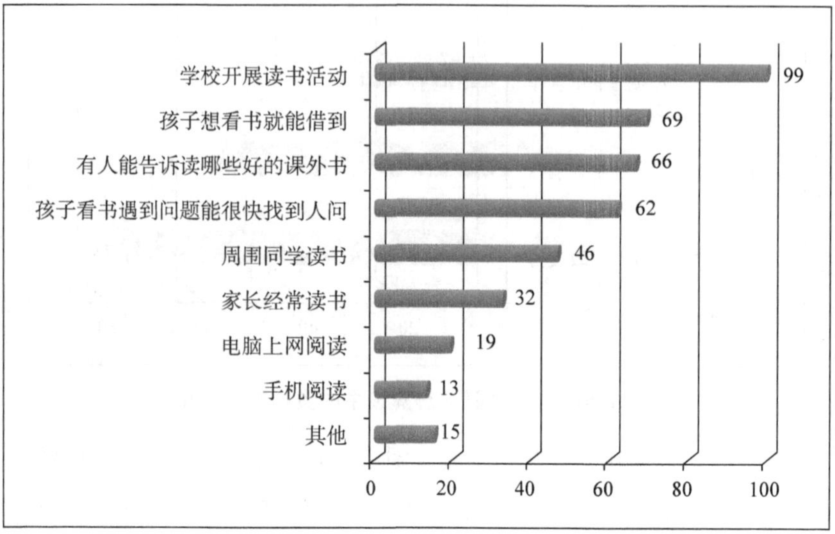

图 5-30　老师认为能够提高学生课外阅读兴趣的因素

值得关注的是，通过对学生、家长、老师三方调研的对比，就手机阅读而言，家长与老师均认为手机阅读对学生阅读兴趣的提高帮助甚少，而学生则认为手机阅读是提高阅读兴趣的重要途径，仅次于学校组织的阅读活动，可见老师、家长与学生对手机阅读的认识并不一致。如今的中小学生是出生在网络时代的一代人，手机似乎已经成为身体的一部分。中小学生将更多地利用手机进行阅读，亟须针对中小学生手机阅读制定更加规范的内容标准，规范更良好的网络环境。

5.3　数据分析中发现的问题

通过数据分析，发现主要问题在于以下几个方面。

（1）公共图书馆及农家书屋等的服务效率有待提高

公共图书馆作为公民的第二教育课堂，其承担的社会功能日益增强。对于中西部贫困地区的中小学生而言，公共图书馆更应该成为教育上的重要助力。但目前我国中西部贫困地区的图书馆文化服务功能还有待大幅提高。调查中仅有 18% 的学生提到会去县级图书馆或农家书屋借书（看书），而提到去书店读书的学生有 40%。可见公共图书馆对学生的服务效率不如书店。问题的原因，一方面是由于公共图书馆发展提高的保障不足，另一方面是由于基层图书馆的服务理念和服务模式有待创新。

（2）中小学生阅读指导体系有待进一步完善

对于中小学生而言，阅读不单纯是语文学科的一部分，有效的课外阅读是学生面对自己心灵的对话，是他们从中吸收人文的、科学的养料，是建构完整知识体系、充实精神世界的有效途径。调查中发现，中小学生具有强烈的阅读积极性，但是给他们阅读带来困难或者困惑的是，他们不知道如何选择图书。对于“哪种情况让你喜欢阅读？”这个问题，学生选择最多的是“有人能告诉我应该读哪些好的课外书”。如今无孔不入的网络媒体、数不胜数的书籍报刊，给学生展现的是一个无所不有却又难以选择的信息世界。“不能有效选择”是中小学生阅读中的最大障碍。中小学生阅读指导体系不单纯是《中国小学生基础阅读书目》《适合小学生看的 100 本课外好书》《2017 年中学生寒假阅读书目》等这样的书目清单。而是在此基础上，针对不同年龄、不同兴趣爱好、不同民族、不同地区的中小学生，家长、老师和社会相关机构等提供更有效的阅读指导。

对此，一是家庭阅读的重要性凸显出来。通过对中西部贫困地区的调查，课题组发现无论家长和孩子，认为“家长是否读书”对孩子（中小学生）读书兴趣的影响是很低的。而研究发现，“家长爱读书是对孩子最好的教育”。调查发现，家长愿意花钱给孩子买书，但却没时间和孩子一起购书，更没时间一起阅读、一起分享感悟和心得。根据调查数据可知，29% 的家长不与孩子一起阅读或讨论图书，23% 的家庭每周仅有一次。可见约有半数的家长对孩子的阅读属于零参与或零星参与的状态。缺乏家长的鼓励和参与，中小学生在进行阅读选择时得不到家长的有效支持。

二是教育评价机制与课外阅读的矛盾凸现出来。重视分数的教育习惯导致老师对学生课外阅读的有效引导微乎其微。老师纵然明白课外阅读的重要作用，但迫于升学压力和评价手段的束缚，老师常常陷入“要考的就教，不考的不教，常考的重点教，少考的少教”这一怪圈，繁重的作业也占用了学生大量课余时间。

（3）阅读活动的内容和形式有待进一步丰富

根据调研数据发现，家长、老师、学生都认为学校组织的读书活动对于学生阅读兴趣的提高具有明显的效果，但是课题组的实地调查也显示，阅读活动形式较为单一，总量较少的阅读活动也主要表现为世界阅读日的活动、一些阅读知识竞赛等，阅读活动的频度和形式还可进一步提高和丰富。通过调查发现，学生更喜欢没有功利性的阅读活动，以读书、分享、交流、碰撞为目的的阅读活动，会带给学生更多自由发挥的空间。

（4）书店的经营方式有待进一步转型

书店是人类文化和思想的聚集中心，影响着一个城市的文化气质。在我国中西部贫困地区，中小学生对于书店的依赖性很强，去书店的次数超过了去图书馆的次数，这对书店而言是一件好事。但目前中西部贫困地区的书店存在这样几个问题，一是经营规模比较小，二是经营形式比较单一，三是阅读的体验性还有待提高。城市书店的兴衰起落给中西部贫困地区书店转型提供了经验与启示，为书店进一步发挥其在中小学生阅读中的作用提供了依据。中西部贫困地区书店的传统经营方式虽然尚可维系，但在网络信息技术日新月异的今天，传统书店的客流随时可能转移到网上，所以，书店要根据当地的特色和条件进行必要的转型，增加产品丰富度，提高读者阅读体验。

（5）乡村小学间图书分享利用程度不高

学校图书馆是学生借阅图书的重要来源。调查中发现，大多数中小学校都设有图书室或阅览室，但在位置偏僻、经济落后的乡村小学，学校图书室的建设情况堪忧。一些学校图书的来源主要是政府资助和社会捐助。纵然政府每年增加投入，也有一些社会捐助的情况，但是平均到每个乡村小学，图书保有量仍然很低。因此，乡村小学间适宜建立图书分享平台，使学校与学校之间互通有无，实现图书交流共享，让学生接触到更多图书。

（6）手机带来的时间荒废与阅读帮助的矛盾

如今智能手机已经普及，中小学生对手机的依赖不亚于成年人，当手机成为阅读设备时，它既带来便利节约时间，又可能带来时间荒废浪费时间。通过对学生、家长、老师三方调研的对比，就手机阅读而言，家长与老师均认为手机阅读对孩子阅读兴趣的提高帮助甚微，而学生则认为手机阅读是提高阅读兴趣的重要途径，仅次于学校组织的阅读活动，可见老师、家长与学生对手机阅读的认识并不一致。手机在数字阅读中的应用不可避免，如何引导和规范中小学生应用其进行阅读就显得更为重要。

第6章

定性调研情况分析

课题组选择了国家级贫困县中的贵州省道真县、正安县、长顺县，以及云南省的漾濞县进行实地调研，运用访谈法了解当地中小学生阅读的相关情况。在贵州省，重点对正安县图书馆和道真县图书馆进行调研访谈，还分别对这两家图书馆的三个合作对象——正安县格林镇兴隆小学、正安县瑞溪镇综合文化站、道真县星空网吧书吧进行调研访谈；此外，对长顺县的一些民营书店也有所了解。根据调研设计，课题组还在道真县、正安县、长顺县对多位中小学学生、家长和教师进行访谈。在云南省，课题组对云南省漾濞县进行实地调研，对几位中小学学生、家长和教师进行访谈。此外，还对新疆维吾尔自治区乌鲁木齐市新华书店的员工进行了访谈。在课题运行后期，课题组还对甘肃省教育部门的工作人员进行了访谈，从政府部门的角度了解中小学生阅读的情况、问题及期望。

6.1 甘肃省政府部门访谈情况

访谈对象：甘肃省教育局工作人员

访谈形式：电话访谈

访谈时间：2016 年 12 月 15 日

现在，无论政府还是学校都很重视学生阅读能力的培养。近几年，政府方面每年都在做阅读活动推广，宣传全民阅读，引导家庭进行亲子阅读。学校教育方面，也要求教师充分调动学生的积极性、主动性，创造性地指导学生阅读。围绕阅读开展的活动也越来越丰富，如小学生读书成果展演大赛、小学生读书征文演讲比赛、中小学生国学道德经典诵读大赛等，2016 年，还组织学生参加首届全国中小学生阅读能力大赛。社会也与学校联合开展活动，自 2015 年起，将全民阅读活动与“书香校园 • 绿色书签”活动合办，起到了良好的效果，提高了学生和家长的读书热情。

政府特别重视贫困地区的中小学生阅读情况调查，每年多次赴贫困乡村调查阅读设施建设情况和图书室使用情况。现在，绝大多数的甘肃农村中小学校都设有图书室或阅览室，基本能满足孩子的借书需求，不过，由于一些图书室的图书数量有限，还需要进一步扩充图书数量，提高图书的更新率。为此，政府不断加大教育资金投入，比如 2014 年，天祝县“全面改薄”项目总投资高达 4504 万元，新建、改扩建中小学教学及辅助用房，配备现代化教学设备，与外界广泛交流、学习，极大地拓宽了他们的知识面和视野。

另外，社会企业及个人捐助也为学校补充了大量图书。为引导全省广大中小学生多读书、读好书，2016 年，全省面向中小学开展“书香满校园，好书伴成长”图书赠送活动，读者集团甘肃科学技术出版社将向全省各中小学免费赠送 5 万套（每套 10 本）图书。

绝大多数农村都设有农家书屋，为了提高农家书屋的利用率，各地根据当地的情况开展不同的活动。2014 年榆中县图书馆组织开展暑期“我的书屋，我的梦”农村少年儿童阅读活动，旨在充分利用公共文化服务体系资源，发挥“农家书屋”作用，促进农村少年儿童课外阅读，丰富暑假生活。但农家书屋也存在一定的问题，一些农家书屋适合孩子阅读的书数量有限，相对于农家书屋而言，一些家长和孩子可能更喜欢去书店，但乡村地区书店跟城里的书店相比，少儿读物种类少、书籍陈旧，学生购买合适的课外读物存在一些不便条件。

中小学阶段是为人生“打底”的重要阶段，而阅读，无疑是打好人生基础教育的良方。习近平总书记也在不同的场合多次提到读书的重要性。甘肃教育局非常重视中小学生的阅读教育，一直在为培养学生良好的阅读习惯而努力，今后会更加丰富阅读活动的内容和形式，尤其会针对欠发达地区的状况提出针对性的帮扶机制。

为了提高欠发达地区中小学生阅读率，受访工作人员认为，今后应该在以下几个方面提高工作效率和成果：第一，更加重视帮扶机制和政策倾斜，严格监督阅读软硬环境建设成果；第二，继续推进各类阅读活动，向北京、深圳、上海等地区学习，实现从单一零散的阅读活动到阅读品牌构建；第三，在欠发达地区扩大亲子阅读的宣传，培养良好的家庭阅读氛围，全面提高全民阅读率；第四，完善农家书屋、图书馆、流动图书车建设，提高公共文化服务设施的服务力度；第五，加强交流和学习，学习先进经验。

6.2 贵州省正安县图书馆调研情况

访谈对象：图书馆冯康馆长（文广局骆副局长、廖副馆长也参加了访谈）

访谈地点：贵州省遵义市正安县图书馆

访谈时间：2016 年 8 月 9 日

6.2.1 正安县图书馆的基本情况

正安县地处黔北，位于贵州省遵义市东北部，属国家级扶贫开发重点县，有人口 65 万人，目前以“文旅兴县”为重要发展战略。正安县图书馆位于县城中心胜利路，北靠正安县第一中学和第二小学，东与正安县第一小学和第三中学相邻，西距正安第三小学约 1000 米，区位居中、交通便捷，中小学生到图书馆都很方便。课题组成员在正安县图书馆调研的情况见图 6-1、图 6-2 和图 6-3。

图书馆开设有青少年电子阅览室、亲情视频通话室、多功能厅、港澳台图书借阅室等十多个功能房。青少年电子阅览室的情况见图 6-4。

2009 年，正安县图书馆率先实施免费开放图书馆（国家文化部的免费开放政策是 2011 年 2 月才出台的，正安图书馆免费开放提前实施近两年），并制定了一系列相关开放要求和细则。

图 6-1　课题组成员与图书馆主管领导、馆长、副馆长在图书馆前合影

图 6-2　访谈现场（办公室）

图 6-3 访谈现场（图书室）

图 6-4 青少年电子阅览室

正安县图书馆实施“无节假日”开放制度，图书馆的人员上班分为业务班和行政班，实行了“无节假日”上班，同时，中午也向读者开放。在全馆人员的努力下，通过窗口的组合和优化，极大地方便了读者。

正安县的文化信息资源共享工程落实在正安县图书馆，贵州省在 2009 年时开展该工程试点，正安县是 34 个试点县之一（2010 年时该工程在贵州全省推开），得到了省、市、县领导的高度肯定和社会各界的一致好评。目前，馆内实现了 Wi-Fi 全覆盖，并免费开放。

图书馆在全县成立了 31 个流动图书送读点和 5 个流动驿站，利用流动服务车每个月定时到流动图书送读点更新图书，每周按时到流动驿站开展读者服务，此举将县域内固定的图书资源（包括县图书馆、乡镇农家书屋、县机关单位的职工书屋）串成了一个互相流动的网，盘活图书资源。

在相关合作方面，正安县图书馆与其他图书馆合作学习。例如，与上海浦东图书馆合作，成为“友好图书馆”，实现资源共享、人员互训（正安县图书馆人员到上海浦东图书馆进行培训，上海浦东图书馆人员到正安县图书馆挂职锻炼）；主动对接中小学图书馆，协助农家书屋；与乡镇文化站合作；等等。

根据正安县图书馆的数据统计，自 2009 年到 2015 年，持证读者从 235 人上升到 3561 人，增长了 15 倍；每天到馆人数从寥寥可数的几个人到现在平均每天几百人，图书借阅量从每年几百本到现在的每年近 9 万册次；单位人员编制从 3 人增加到 15 人，中级职称从 1 人增加到 8 人；县级财政预算从 10 万余元增加到现在的 100 多万元，增长了 10 倍；馆藏图书资源从 8000 余册增加到现在的 131452 册，电子资源从 2TB 到 8TB；县级流动图书送读点从无到有，达到 31 个，流动驿站达到 5 个；从一个从未晋级的图书馆到三级图书馆，再到二级图书馆。

正安县图书馆开拓创新，不断优化服务，加大宣传，提升单位形象，获得了很多荣誉（部分荣誉奖状见图 6-5），也是很多图书馆交流学习的典范。2009 年 9 月，该馆在全国第四次公共图书馆评估中首次晋级“三级馆”；2010 年正安县支中心获遵义市文化局先进集体；2011 年图书馆获正安县文体广电旅游局先进集体；2012 年获国家文化部命名的“全国文化信息资源共享工程‘公共电子阅览室示范点’”，获遵义市支中心年度考核一等奖，获正安县人民政府先进集体称号；2014 年 5 月 23 日，正安县图书馆获全国中小型公共图书馆联合会征文组织奖；2015 年获县妇联“巾帼文明岗”表彰；2016 年，国家文化部向全国征集基层创新服务案例，正安县图书馆上报的《文化共享架设连心桥〈一线连通倾相思，文化共享传温情〉》案例入选全国 50 个创新服务案例。正安县图书馆馆长（全国文化信息资源共享工程县支中心主任）冯康同志在 2010 年获贵州省文化厅先进个人表彰，2013 年获“中国图书馆榜样人物”表彰，2015 年获贵州省委、省人民政府先进工作者表彰等。

图 6-5　办公室一角的部分荣誉奖状

6.2.2　正安县图书馆举办的阅读相关活动

正安县图书馆经常举办各种阅读相关的活动。例如，在 4 月 23 日“世界读书日”期间，开展图书进校园活动；在每年 5 月的最后一周开展读书服务宣传周活动。此外，常规活动主要有流动图书车到基层活动，关注读者需求、开展读者交流等活动；还根据当地实际情况开展“小手牵大手”活动、设立“亲情视频通话室”“留守儿童辅导室”等特色和示范性活动。

（1）流动图书车到基层活动

图书馆开展流动图书车到基层活动，包括进乡村校园，见图 6-6 和图 6-7。图书车由文化部和财政部提供。图书馆每周一、三、五分别把流动图书车开到西部、东部和工业园区，每周二、四调休或到乡镇图书馆。流动图书车到基层也是非常有效果的，先是有宣传作用，让群众知道可以到流动图书车来看书；后期效果逐渐扩大，每天都有群众办图书证。

图 6-6　流动图书车

图片来源：正安县图书馆提供的资料图片

图 6-7　送书到基层活动

图片来源：正安县图书馆提供的资料图片

（2）关注读者需求、开展读者交流活动

图书馆开展“读者心得交流会”“读者恳谈会”等活动，在这些活动开展的过程中，了解读者需求，为图书馆采购提供依据。图书馆还开展“你选书我埋单”的活动，在读者需求中选择一部分，在新华书店采购，放置在图书馆中。

（3）“小手牵大手”活动

在图书馆内开展亲子阅读活动，开展“小手牵大手”活动，通过孩子带动成年人多阅读。“小手牵大手”活动的开展符合当地的实际情况，对推动当地阅读工作有直接的效果。一方面，少儿阅读多是以四年级以下的孩子为主，为了孩子安全考虑，倡导成人陪同来图书馆进行阅读。另一方面，在孩子阅读的同时，成年人有闲暇时间了，图书馆特意把报刊阅览室设置在少儿阅览室旁边，使成年人也能阅读。儿童阅览室和报刊阅览室的情况分别见图 6-8 和图 6-9。

图 6-8　儿童阅览室

图 6-9　报刊阅览室

（4）设立“亲情视频通话室”

正安县是一个劳务输出大县，大量的青壮年外出，留守儿童较多，一年除了通通电话，相互很少有见面的机会，图书馆冯馆长针对这一实际情况，设立了“亲情视频通话室”，让远在他乡的务工人员能够与家人面对面地交流。

（5）设立“留守儿童辅导室”

青壮年大量外出，留守儿童多，冯馆长针对这一情况还设立了“留守儿童辅导室”，疏导留守儿童的心理问题。

设立“亲情视频通话室”和“留守儿童辅导室”的创举在 2013 年全国图书馆评估工作中受到一致好评，现已被贵州省内多个县级图书馆学习采用。正安县图书馆因工作出色在当年全国图书馆评估中被评为贵州省全省唯一一个没有自成一体空间的二级图书馆。

6.2.3　正安县图书馆的特色与优势

（1）负责人有责任感、不断创新发展

2009 年，冯康同志刚刚调任正安县图书馆馆长。那时的图书馆只有不到一千平方米的馆舍，藏书不足 1 万册，人员编制只有 4 人，其中，中级职称 1 人，全年工作经费三千元。冯馆长在当时该馆资源非常薄弱的基础上，积极思考，探索正安县图书馆的转型实践。在冯馆长的带领下，图书馆获得不断发展。现在，图书馆设有图书借阅室、报（期）刊室、少儿阅览室、自修室、采编室、书库、地方文献（古籍）室、健康咨询室、留守儿童辅导室，文化信息资源共享工程县支中心设有青少年电子阅览室、多功能厅、机房等；现有藏书 10 万余册，期刊 36 种，报刊 22 种；图书馆现有人员编制 15 人，其中，中级职称 8 人。平均每月接待读者 2500 人次左右，图书、报刊、期刊借阅量为 4200 余册期本次，青少年电子阅览室每月平均接待各类上网学习和查阅资料的人数 1500 余人次，文化信息资源共享工程县支中心建立成果转换基地 2 个，制作信息简报 126 期，多次获国家中心、省分中心、市支中心转发。

除了高效完成图书馆传统工作以外，冯馆长拓展思路，立足当地实际情况，根据群众的精神需求，延伸服务范围，积极为群众提供文化信息服务，包括送科技文化信息进企业、发挥文化信息资源共享的作用、在自然灾害出现时用文化信息抚慰群众的紧张情绪等。通过这些活动，不断提高群众对图书馆的认知度和认可度，提升图书馆形象，得到上级部门的更多关注和支持，推动县图书馆发展和不断提升。

（2）员工积极奉献，内部管理有效

正安县图书馆现有员工 18 人，其中有 15 个人员编制。从正安县图书馆目前的情况来看，人员基本上都不是图书馆学专业出身，而是从其他专业调动过来的，如从教师转行做图书馆工作。但他们自身素质都不错，愿意奉献。图书馆内部开展考核工作，定期交流工作心得，形成积极的工作氛围。自从冯馆长 2009 年来到正安县图书馆后，大力推动图书馆工作的开展，使图书馆获得了多项荣誉，这些成果使图书馆成员都不断获得自我激励，图书馆员工也在专业技术职称评定中走在了同级馆的前列。

（3）主动开展工作，服务无孔不入

从正安县的情况来看，以前公共图书馆和中小学图书馆没有联系。但是，自从冯馆长在2009年任职后，带领县图书馆主动对接中小学图书馆，对中小学图书馆馆员进行培训，帮助他们整理图书。还有，农家书屋的图书管理员在图书分类等业务方面不熟悉，图书馆职员也协助农家书屋做好图书分类整理等工作。

图书馆不仅主动开展工作，还将工作拓展到各种信息服务领域，正如正安县文广局的骆副局长评价的那样，图书馆“无孔不入地搞好服务”。

图书馆开展送科技文化信息进企业的工作，让企业走出了困境。例如，小雅镇星宿坪茶场是2009年新建茶场，由于缺乏技术和管理经验，出现茶苗枯死现象。茶场业主着急万分、无所适从。得知这一信息后，冯馆长立即向省、市科技部门寻求技术支持。科技人员到现场解决了实际问题，并对员工进行了茶园建设、管护、茶苗栽培、病虫害防治、茶叶加工等方面的知识培训，到2013年，茶场的收入突破了300万元。

还有，图书馆充分发挥文化信息资源共享的作用，帮助村民学习致富。例如，土坪镇群江村的村民有郑家两兄弟，初中毕业后回家务农，家中贫困。冯馆长了解情况后，让他们到共享工程平台学习技术。如今两兄弟打工每月都拿到了6000多元工资。小雅镇的小郑，通过信息和技术培训，办起了大棚蔬菜和果园。流渡镇的小黄成了养殖大户。一批年轻人通过正安图书馆的培训，陆续成为种养大户。

2014年，一次因大雨造成地质灾害出现，一些村民搬至灾后安置点，但情绪低落。冯馆长创造性地开展工作，由图书馆在安置点为受灾群众播放地质灾害形成及预警等内容的视频，减少群众的紧张情绪，从心理上给予安慰，取得了积极的效果。

6.2.4　正安县图书馆的期望

（1）在经费方面，地方财政不足，正安县图书馆主要依靠文化部、宣传部、省委和县委给予经费支持，每年约40万元。此外，也依靠社会各方支持。

例如，上海图书馆赞助、大学（如遵义医学院、西北民族大学等）捐赠图书、图书馆联合会资助、地方捐款等。

但是，西部地区的个别基层图书馆已经闭馆，整体发展情况不乐观。希望政府在顶层设计中考虑，省级部门对地州县考核时，希望有其经费在文化投入中的比例要求。对图书馆的经费支持有利于中西部地区图书馆结合当地情况推动中小学生阅读活动的开展。

（2）公共图书馆人力资源匮乏。人力资源匮乏，一方面体现在缺乏专业人才上，另一方面体现在难以留住专业人才上。从现状来看，虽然正安县图书馆的干部职工以其自身素质和乐于奉献的精神推动了图书馆发展，从一定程度上弥补了人员不够专业的不足之处，但是，从长远来看，人员不够专业是一个问题。

此外，如果吸引专业的大学毕业生来图书馆工作，如何留住人才又是一个问题，一些大学生把图书馆当作职业跳板，难以留住。图书馆员在职称评定中归属于省文化厅，图书馆员和高校教师划归同组参评，没有优势。职称评定中的劣势也在一定程度上制约图书馆人才的积极性。如果能够更好地吸引专业人才、留住优秀人才，推动贫困地区图书馆发展，也能更好地推动本地中小学生阅读活动的展开。

（3）流动图书车的问题。流动图书车的应用效果很好，但是，图书车进乡村小学时有困难，山路狭窄、弯路多、急弯多，图书车较长、制动系统也不太适合山路情况，很容易有危险。希望能有适合的图书车用于送书下乡等活动，对推动中西部山区中小学生阅读有直接的作用。

6.3 贵州省道真县图书馆调研情况

访谈对象：图书馆张韬馆长、两位图书管理员

访谈地点：贵州省道真县图书馆

访谈时间：2016年8月8日

6.3.1　道真县图书馆的基本状况

道真县整个县城有34万人，为仡佬族、土家族和苗族自治县。道真县图书馆成立于1986年，现在的图书馆建于2003年，和县离退休干部工作局、老干部活动中心等在同一栋楼办公，见图6-10。图书馆现有的建筑面积为100多平方米，其中，阅览室约30平方米，图书室约60平方米，见图6-11。电子阅览室的电脑和服务器是2006年的，没有电子图书资源，只能上网。

开放时间为行政班，也就是按照正常上下班的时间工作。现在距老城区4公里的新城建起了新馆。

图书馆隶属于县文体广电新闻出版局，该局为正科级单位。现有编制6人，其中，图书室3人，电子阅览室3人。张馆长是2013年调任的。六位职工中，只有一位是计算机专业的，一位是老师调动过来的，张馆长是普通工人调动过来的，其他两人是其他专业的，大专学历。因为专业问题，现有人员对于图书分类，电子资源管理等方面的知识都很匮乏。图书馆的人都是事业编，最近几年没有招人，都是从其他单位调过来的。课题组成员分别对张馆长、两位图书管理员进行访谈，见图6-12和图6-13。

图6-10　课题组成员与张馆长在道真县图书馆门口

图 6-11　道真县图书馆内部（图书室）

图 6-12　课题组成员与道真县图书馆的两位图书管理员

图 6-13 课题组成员与张馆长访谈

6.3.2 图书馆的图书流动情况

图书馆原有 2 万多册图书，现有图书 1.3 万册，其余的 6000 余册都送到了流动图书点。流动图书车是文化部配送的，有 1 辆，流动图书车情况见图 6-14。因为图书非常有限，每个图书流动点送 200 册书，共有 13 个流动点。这些流动点主要有村小学，镇中学，还有农家书屋、乡镇的卫生院，其中学校送的书多一些。13 个流动点中有一个网吧，在这个点上送的书多一点。流动站的借阅情况还不错，目前没有现成的数据，电话咨询借阅情况也还不错，一般一两个月轮换一次。中小学自己也有图书室，但主要是学习类的图书多，图书馆送出去的书主要是童话、写作等课外书，和学校图书馆的图书类型刚好错开。

图书馆的运行经费每年 19 万元，今年该馆申请从运行经费中拿出 10 万元买书，需要政府采购办批准才能买书，现在正在申请中。2013 年花了 8 万元买书，2014 年、2015 年都没有买书。图书的选购由新华书店帮忙选购。县图书馆把一部分农业技术方面的图书送到农家书屋，充实农家书屋的图书。目前，农家书屋的图书没有更新，而且图书馆的书也比较旧。

图 6-14　流动图书车

6.3.3　图书馆举办活动情况

图书馆每年在 4 月 23 日世界读书日开展活动。平时也经常举办宣传活动，主要是介绍图书馆。在图书馆外边的广场摆放桌子做宣传，免费办理借书证，每天最多可以办 200 张图书证。现在总共办理了 1000 多张图书证。以前，很多群众不知道图书馆，通过这些活动，越来越多的群众开始知道图书馆了。

目前，图书馆的主要读者是学生和老年人，青年人很少。图书馆旁边就是学校，学生来看书很方便。假期里，有很多学生来看书，见图 6-15 和图 6-16。图书馆也有针对老年人举办的活动，吸引了很多老年人，而且图书馆和老干部活动中心连在一起，也方便老年人了解图书馆，吸引他们来看书。

图 6-15　小学生在图书馆阅览图书

图 6-16　初中生在图书馆阅览图书

还有送书下乡活动。在农民赶集的时候，把图书流动车开到集市上去，现场办理图书证，借阅图书。集市上人比较多，图书流动车的效果还不错，很多人愿意到车上借阅图书，图书流动车下乡情况见图 6-17、图 6-18 和图 6-19。之所以设立图书流动点，主要是因为文化部配置了图书流动车，根据各个地方赶集的时间，将图书流动车开到集市上去，有时候也和地方联系。目前县里并没有相关的要求和激励措施，主要是想让更多的人看书，发挥图书流动车的作用。除了利用图书流动车让群众直接看书，还会送书到乡下中小学，图书馆也与乡镇文化站联系联合开展工作。

图 6-17　道真县图书流动车下乡情况

图片来源：道真县图书馆提供的资料图片

图 6-18　道真县图书流动车，学生借阅图书

图片来源：道真县图书馆提供的资料图片

图 6-19　道真县图书流动车，青年人借阅图书

图片来源：道真县图书馆提供的资料图片

6.3.4　与其他单位的合作关系

（1）目前和中小学的合作关系，一是对图书馆进行宣传，二是帮中小学的流动点更换图书。前一段时间，刚刚和玉溪小学、曙光小学合作，对图书馆进行宣传。

（2）图书馆间的合作。该馆与贵州省图书馆、遵义市图书馆有交流，还与正安县图书馆等有交流，向这些图书馆学习经验。

（3）和网吧合作，抢占文化阵地。在网吧内设书吧，图书主要为生活、文学、情感，针对 18—30 岁的年轻人，抢占文化阵地。

6.3.5　存在的问题和期望

（1）图书馆的电脑硬件、软件系统都比较陈旧，还在实行手工借阅登记，见图 6-20。设备老化，期望能够更新。图书馆和老干部中心等单位都在一起，图书馆的场地面积也不够。图书馆的人员专业性也不够。希望相关部门能够对图书馆的软硬件环境改善予以直接的帮助。

图 6-20　图书馆借阅登记处

（2）图书的遗失情况时有发生，这是他们比较头疼的问题。另外比较头疼的是图书比较陈旧。希望上级能够给予帮助，解决书太少和书太老的问题。希望上级能直接给予图书方面的支持，而不是给予经费。

目前道真县的教育水平在遵义处于比较好的状况，主要是因为家长对于教育的重视。县里有一所高中，一所职中，一所私人办的高中。最好的是道真中学。该馆希望能给道真县的中小学提供更多的图书，现在没有新的期刊，只有一些老旧的期刊，有十多台电脑可以上网。图书馆面积有限，而且设备老化，因为县里的财政收入有限，没有多余的财力建设图书馆，希望国家能给予图书馆基础设施建设方面的支持。

6.4 贵州省正安县格林镇兴隆小学调研情况

访谈对象：兴隆小学校长

访谈地点：贵州省遵义市正安县格林镇兴隆小学

访谈时间：2016 年 8 月 9 日

2011 年，格林镇兴隆小学附近通路建校。学校共有 12 位教师，4 位职员，教师平均年龄为 52 岁。学校有 120 名学生，其中，有过半数的留守儿童，各班有 13—19 人。学校有寄宿学生 24 人。学校有“班班通”，利用多媒体或广播实现共享教学资源；学校附近有 4G 基站，但校园内网速不快。课题组成员、县图书馆主管领导及馆长与兴隆小学校长进行访谈，见图 6-21 和图 6-22。

图 6-21　课题组成员、县图书馆主管领导及馆长与兴隆小学校长在校门口

图 6-22　兴隆小学校园内访谈

学校有图书室，是由贵州省图书馆、正安县图书馆和社区儿童图书音乐节筹委会共同援建的“布客书屋”，见图 6-23。图书以图书馆和社会团体捐赠为主。例如，贵州省图书馆、正安县图书馆、正安县妇联、志愿者组织“担当者行动”、公益组织“仁爱基金会”等捐赠了大量图书，部分捐赠情况见图 6-24 和图 6-25。

图 6-23　学校图书室：布客书屋

图 6-24 部分图书捐赠情况

图 6-25 公益组织捐赠的图书

学校还设有开放式书架，见图 6-26，暑假期间，图书都整理收存了，开学时再摆放到书架上。此外，学校有多功能教室，运用多媒体实现教学资源共享，见图 6-27。

图 6-26　学校的开放式书架

图 6-27　学校的多功能教室

在调研过程中，遇到 4 位兴隆小学的小学生，分别是 3 年级、4 年级、5 年级的同学，他们正要去采辣椒，学习之余帮家里劳动，见图 6-28 和图 6-29。他们都比较腼腆，但谈及阅读时，都说自己喜欢读书。

图 6-28　兴隆小学的小学生

图 6-29　课题组成员和小学生

6.5　贵州省正安县瑞溪镇综合文化站调研情况

访谈对象：文化站站长

访谈地点：贵州省遵义市正安县瑞溪镇综合文化站

访谈时间：2016 年 8 月 9 日

正安县的乡镇文化站是县图书馆的合作单位。课题组走访了瑞溪镇综合文化站，见图 6-30 和图 6-31。瑞溪镇综合文化站中有多种文化体育设施，其中包括图书室等设施，图书室情况见图 6-32。虽然图书室中写有“职工干部书吧”，但是图书涵盖范围较广，有关于农村生产生活的图书，也有适合亲子阅读的《与爸爸一起成长》，适合学生阅读的《阅读鉴赏与写作指导》，见图 6-33 和图 6-34。图书室也有电脑，主要是上网使用，见图 6-35。

此外，位于文化站前楼的一楼大厅有党员干部开放式书吧，见图 6-36。图书主要是关于行政事务管理、领导力等方面的书籍，见图 6-37。

图 6-30　课题组成员、图书馆馆长与文化站站长合影

图 6-31　瑞溪镇综合文化站门口

图 6-32　瑞溪镇综合文化站图书室

图 6-33　瑞溪镇综合文化站图书室的图书（1）

图 6-34　瑞溪镇综合文化站图书室的图书（2）

图 6-35　图书室一侧的电子阅览处

图 6-36　党员干部开放式书吧

图 6-37　党员干部开放式书吧中的图书

6.6　书店及书吧调研情况

6.6.1　贵州省道真县金石书社调研情况

访谈对象：金石书社店员

访谈地点：贵州省遵义市道真仡佬族苗族自治县

访谈时间：2016 年 8 月 8 日

金石书社是当地最大的一家民营书店，老板以前是教师。主要经营教辅图书、作业练习册等，也有一些文学社科类图书，学生用书很全，在学生中的口碑很好。金石书社的情况见图 6-38 和图 6-39。

根据店员介绍，该书店中的学生用书很全，符合学生需求，学生所需的练习册等能一次购齐。至于有关阅读的活动，书店所做的主要是向边远学校捐书；还有就是销售方面的优惠活动。没有专门与学校或图书馆合作开展阅读活动。

图 6-38　金石书社外部

图 6-39　金石书社内部

6.6.2　贵州省道真县星空网吧书吧调研情况

访谈对象：道真县星空网吧庹经理

访谈地点：贵州省道真县星空网吧

访谈时间：2016 年 8 月 8 日

虽然网吧的目标顾客群体是18—30岁的年轻人，但是该网吧和县图书馆合作，在营业场所中开辟出空间做书吧，图书馆张馆长提到“在一切可能的地方抢占文化阵地”的观念，对我们提出加强中小学生阅读措施也是一种启发。

星空网吧的营业面积有100多平方米，设备新，顾客较多。庹经理是一位比较有想法的年轻人，他把营业面积中约十分之一的面积设计成书吧，见图6-40、图6-41和图6-42。庹经理主动与县图书馆合作，在书吧中放置图书，让来网吧的年轻人休息时翻阅。图书主要为传记、历史、生活、文学类图书，据庹经理介绍，网吧里的年轻人看得最多的是传记类、历史类图书。通过与网吧中的顾客交流发现，他们觉得网吧中有个书吧很好，他们玩游戏累了就在书吧中休息一下，还能看看书，比较喜欢这样的形式。对网吧经理来说，他认为，虽然减少一些营业面积设计成书吧，表面看起来收入可能是减少了，但是他愿意这样做，以后还会增设书吧中的座位，图书也将不断更新。

图6-40　道真县星空网吧中的书吧

图 6-41　道真县星空网吧

图 6-42　道真县星空网吧中的书吧，舒适的环境

6.6.3　新疆维吾尔自治区乌鲁木齐市新华书店调研情况

访谈对象：乌鲁木齐市新华书店店员

访谈地点：新疆维吾尔自治区乌鲁木齐市

访谈时间：2016 年 8 月 1 日

虽然乌鲁木齐市不属于贫困地区，但也是中西部地区的重要城市之一，在适当的机会，课题组还是对乌鲁木齐市新华书店进行了访谈，借以对中西部地区的国有书店推动中小学生阅读的情况有所了解。

根据访谈情况，课题组了解到，中小学生来新华书店的情况有淡旺季之分，每年的开学前后是中小学生购书高峰期。寒假是课外阅读、学习辅导类图书销售高峰。自治区每年举办书香天山全民阅读活动，以前叫作天山读书节，新华书店作为分会场参加该活动。活动的内容主要是图书推荐、卖场宣传、部分图书优惠促销。在节假日，新华书店也会有常规的促销活动。书店中的少儿图书绘本馆有亲子阅读活动，需要家长陪同参加，一起阅读分享一本图书。这一亲子阅读活动主要是：每周拿出一本书，在固定时间，邀请家长和孩子来到绘本馆，工作人员对绘本进行讲解，然后大家一起分享阅读后的体验。

访谈对象认为，现在的教育理念中，家长是十分愿意让孩子多阅读的。要想让学生爱阅读、多阅读，可以加大公益宣传，可以多举办一些捐赠图书的活动，或者图书借阅等，父母在家里要加强引导，培养孩子的阅读兴趣。

6.7　中小学师生家长调研情况

6.7.1　中小学教师调研情况

（1）对湖北省恩施市的一位高中教师和一位高中阅览室管理员访谈调研情况

访谈对象：一位高中教师和一位高中阅览室管理员

访谈地点：电话访谈（湖北省恩施市）

访谈时间：2016 年 7 月 6 日

根据访谈对象的介绍，恩施高中学生课外阅读情况一般，理科生很少进行课外阅读，以看教材和教辅资料为主，语文老师发的写作素材就相当于课外资料了；文科生课外阅读相对于理科生较多，但还是以教材和教辅资料为主。

访谈对象所在学校是高中，学生们很少有时间进行课外阅读，只有每天的大课间（10:10—10:35）、高一和高二每周半天的假期（但基本上以补觉、做作业为主）和语文阅读课等进行课外阅读；而且，由于学生的升学压力较大，所以班主任对课外阅读时间有严格的限制。

该高中实行封闭式管理，学生在校期间一般不会见到家长。学校很少组织阅读活动，也没有邀请家长参加过。

学校图书馆的大概情况：图书馆包括师生外借室、师生阅览室（见图 6-43）、电子阅览室等；大概一年购置两次图书，分别在春季和秋季；图书馆开放时间为每周周一至周五全天开放，周六、周日下午开放（高一和高二学生放假期间）；因阅览室不准外借，所以学生借阅相对较少；图书馆每年购置图书的经费大约 5 万元（以购买师生阅览室中的杂志为主）。

图 6-43　恩施市某高中的师生阅览室一角

要想让学生爱阅读、多阅读，访谈对象认为，政府相关部门应该减轻学校的升学压力。现在该中学跟衡水中学差不多，高中三年都在以备战高考为主。对学校来说，应该减轻学生的升学压力，不要以备战高考为主，应该培养学生的综合素质；假期不用给学生布置太多的学习任务，鼓励他们进行课外阅读。对家庭来说，不要给孩子施加升学压力，在假期期间应鼓励孩子进行课外阅读。对社会来说，不要过分看重学校的重点大学升学率，要看重学生的综合素质和阅读能力，同时可适当地捐助一部分课外书给学校。

（2）贵州省正安县的一位初中教师调研情况

访谈对象：一位初中教师

访谈地点：贵州省遵义市正安县

访谈时间：2016 年 8 月 9 日

访谈对象是一位初中数学教师，虽然承担的是数学学科教学工作，但是，她对学生阅读也比较关注，认为学生多阅读非常重要。在该教师所在的中学，学校能开展促进学生阅读的活动，主要是以每学年要求学生读几本书的形式展开活动，有时学校也提供一些书目。这样的活动就是以学生为主体，一般没有要求家长参加。

学校有专门的图书馆，周一到周五开放，开放时间是中午 12:00—14:00。大部分学生还是愿意利用午休时间到图书馆看书或借书的。

学校建设图书馆和开展阅读活动都是受到政府部门和上级主管部门支持的，社会上的其他单位或公益组织合作或支持的很少。

该教师认为，学生阅读课外书是很有意义的，不仅对语文学科的学习和发展重要，对其他学科知识的理解和掌握也很重要，对学生自身的全面发展也很重要，应该重视和加强学生的课外阅读。

但是从该教师了解到的情况来看，现在也有不少学生的课外阅读很少，问题主要体现在一些学生没有阅读兴趣，觉得课外阅读很难，还有一些学生对课外阅读的重要性认识不够；一些学生的学习基础较差，很难进行课外阅读；很多家长的观念比较落后，对学生课外阅读的认识不够，也是一个问题。

要促进学生阅读，学校通过开展读书活动应该是个不错的办法，通过老师引导学生选择课外书，能让学生课外阅读的效果更好。如果能够改进一些家长的观念，提高学生的阅读兴趣，帮助学生解决阅读中的困难，将能更好地推动学生阅读。当然，这也需要政府部门重视、教育主管部门支持。

（3）云南省漾濞县的一位初中教师调研情况

访谈对象：一位初中教师

访谈地点：云南省大理白族自治州漾濞彝族自治县

访谈时间：2016 年 8 月 15 日

访谈对象是一位初中二年级教师，根据他的介绍，该校学生整体上对课外阅读有浓厚的兴趣，比较积极。学生进行课外阅读时，书籍种类繁多，这样也带来了一定的问题。问题主要是学生阅读的部分书籍没有营养，学生在选择书籍时缺乏判断力。

在最近一年，学校举办了一些促进学生阅读的活动。例如，学校举行英语诗歌朗诵、文言文阅读有奖活动等。有一定的积极效果，大大增加了学生的阅读兴趣。在这些活动中，学校也会邀请家长与学生一起阅读和讨论。

学校设有图书馆，阅览室。图书经常更新，每月都会购置新书，且全天开放。学生借阅量大，图书购置经费每月大概 5000 元。

政府非常支持学校的图书馆建设，并且也会发放一定资金建设图书馆。

对教师个人而言，他虽然不是语文科教师，但也了解学校的阅读比赛等活动，但对于国家和地方上的相关政策措施了解不多。

该教师认为，要想让学生爱阅读、多阅读，政府部门应该大力支持学生阅读，多进行宣传。而对学校来说，应该多举办阅读活动，也应该关注学生在家里的阅读情况，邀请家长参与阅读活动。

（4）云南省漾濞县的一位高中教师调研情况

访谈对象：一位高中教师

访谈地点：云南省大理白族自治州漾濞彝族自治县

访谈时间：2016 年 8 月 15 日

访谈对象是一位高中三年级教师，根据他的介绍，该校学生的课外阅读量大，学校也会定期询问学生的阅读情况。虽然大部分学生能够较好地进行课外阅读，但是仍有一部分学生不能坚持课外阅读，缺乏自觉性。

学校常常举办一些促进学生阅读的活动，比如，英语原文小说阅读比赛、美文阅读读后感，并挑选优秀文章进行展示。阅读活动的效果不错，学生的阅读积极性得到提高。在这些学生阅读活动中，学校也会邀请家长与学生一起阅读，相互交流。

学校设有图书馆、图书角，每周都会购置新书，周一到周五开放。学生借阅量大，图书购置经费每月大概 6000 元。

政府非常支持学校图书馆建设和学校阅读活动开展，学生本身也有很大兴趣，阅读量普遍增加，活动参与人数很多。

该教师认为，要想让学生爱阅读、多阅读，政府部门应该大力支持学生阅读，并且宣传要到位，投入资金也要到位。而从学校的角度来说，应该多举办阅读活动，吸引学生参与，提高学生的阅读兴趣。从社会整体角度来看，应该全民参与，提高社会整体阅读氛围，也能促进学生阅读。

6.7.2　中小学学生调研情况

（1）贵州省道真县高中生调研情况（一）

访谈对象：一名高中生

访谈地点：贵州省遵义市道真仡佬族苗族自治县

访谈时间：2016 年 8 月 8 日

访谈对象是一位女生，暑假后读高中三年级。该学生喜欢阅读，喜欢读课外书，包括小说、文学名著类图书，还喜欢科普类读物，闲暇时也喜欢读读杂志，不喜欢读报纸。平时读的课外书，除了自己买的一部分外，还有一些是从学校图书馆借阅的，也有和同学交换阅读的书。

除了读纸质书、杂志以外，她也用手机进行课外阅读，觉得很方便。用手机阅读时，不仅读一些免费内容，还会付费读一些小说。

周围的大部分同学都喜欢读书。她读课外书后，有时会和同学讨论讨论；有时会在家里和妈妈讲讲书的内容。爸爸妈妈在家不读书，但是妈妈愿意听她聊聊书里的内容。

周末休息时，有时会去书店或图书馆。选什么课外书来读，她主要是根据自己的兴趣爱好，也会听取同学的意见。

马上就要成为高三的学生了，她认为，同学们都有自己的分析和理解能力，绝大多数同学都不愿意接受指令式的阅读（比如，不会是老师或家长要求读而读），而是更多地从自身情况考虑去阅读——自己有兴趣、缓解学习压力，等等。

在课外阅读中也会遇到困难，比如，自己的阅读基础不够好，对有的经典著作理解不好；还有，就是读课外书的时间太少，马上读高三了，能自己支配的课外阅读时间更少了。

（2）贵州省道真县高中生调研情况（二）

访谈对象：一名高中生

访谈地点：贵州省遵义市道真仡佬族苗族自治县

访谈时间：2016 年 8 月 8 日

访谈对象是一位女生，暑假后读高中三年级。该学生喜欢阅读，比较喜欢读文学名著、小说、故事等，也喜欢读杂志，不喜欢读报纸。除了读纸质书和杂志，有时，也用电脑上网阅读或用手机阅读，但是，只读一些免费内容。

班级里会组织一些阅读活动，比如，让同学们交换图书阅读。参加过学校组织的阅读活动，没有参加过其他地方组织的活动。

她很喜欢读书，选择课外书的时候，主要是根据自己的兴趣爱好和同学的推荐来进行。感觉自己在阅读课外书的时候没什么困难。遇到自己喜欢的书是最高兴的，这也是让她特别喜欢持续阅读的原因。

当然，对于高中生来说，课余时间少是个普遍现象。该学生喜欢阅读，但是平时作业多，也只有放假时才有时间读课外书。

（3）贵州省道真县高中生调研情况（三）

访谈对象：一名高中生

访谈地点：贵州省遵义市道真仡佬族苗族自治县

访谈时间：2016 年 8 月 8 日

访谈对象是一位男生，暑假后读高中三年级。他喜欢读课外书，家里的书也特别多。他阅读的课外书类型很丰富，包括文学、历史、科普读物、漫画等。所读的课外书，很多都是在网上购买的，价格相对便宜一些。

闲暇时，他也会进行数字阅读，电脑、手机、平板电脑都是他常用的阅读设备，尤其使用手机阅读方便，用手机阅读时间比较长。用手机阅读时，也会付费阅读，会读一些小说。

平时去书店的次数相对较多，基本上不去图书馆。学校旁边就是书店，到那里很方便。

参加过两三次阅读活动，都是网上组织的。

除了读书，课余时间还喜欢玩游戏。该同学表示，网络对自己有一定的影响。比如，选择读什么书，他会根据同学的推荐、自己的兴趣，还有网络论坛朋友的推荐来决定。

能对自己阅读造成困难的，主要是自己的阅读基础不太好，其他没有什么问题。他在阅读方面很看重自己的兴趣和感受，比如，他喜欢在安静的环境中读书，环境不好的时候，他的阅读兴趣也会降低。

（4）贵州省道真县初中生调研情况

访谈对象：一名初中生

访谈地点：贵州省遵义市道真仡佬族苗族自治县

访谈时间：2016 年 8 月 8 日

访谈对象是一名初二的学生，女孩。她很喜欢读书，基本上一个月读一两本课外书。读书的范围很广，文学名著、科普知识等都有涉猎，甚至包括建筑类的书籍。她读的书中有一小部分是自己购买的，大部分是在学校图书馆、县图书馆借阅的。此外，她还在书店读书，以及用手机阅读。她的课外阅读时间也比较长，每天都读一小时左右。

该学生也表示，虽然很爱阅读，但是由于作业较多，课外阅读的时间不太充裕。

在选择读哪些课外书的问题上，老师、同学还有学生自己都有一定的影响力，而家长的意见很少征询。周围的同学都爱阅读会带来积极的影响，而个人兴趣的培养则是促进课外阅读最重要的因素。

（5）贵州省道真县小学生调研情况（一）

访谈对象：一名小学生

访谈地点：贵州省遵义市道真仡佬族苗族自治县

访谈时间：2016 年 8 月 8 日

访谈对象是一名四年级小学生，男孩。他说自己喜欢看故事书、漫画，也喜欢看一些杂志。放假了，他经常会到县图书馆看书，有时也借回家看。也去书店买书、借书，或者向同学借书。上学的时候，也在学校图书馆借书看，学校图书馆的书多，借书也很方便，他经常从学校图书馆借书。

除了纸质书，他也用手机阅读。用手机阅读很有趣，他也愿意用手机阅读一些内容。

他在假期读课外书的时候最多，平时作业多，没什么时间读课外书。他喜欢读书，自己周围的同学也喜欢读书。老师会告诉他们读什么书。在选择读什么书的时候，他除了听取老师的意见，也常常听取同学的意见。

（6）贵州省道真县小学生调研情况（二）

访谈对象：一名小学生

访谈地点：贵州省遵义市道真仡佬族苗族自治县

访谈时间：2016 年 8 月 8 日

访谈对象是一名五年级小学生，女孩。她说自己的课外书很多，她很喜欢读书，尤其喜欢读历史方面的书籍。除了自己买书读，她还经常在书店、县图书馆看书，也经常在学校图书馆借书。她经常去书店和图书馆，喜欢这样的环境。学校会组织一些读书活动，她也都积极参加，她觉得多读书能多学知识。

她虽然喜欢阅读，但平时读课外书的时间不太多，写作业占用了课余时间的一大部分。该学生认为，给自己课外阅读带来困扰的很大一个原因是作业太多。另外，她认为，个人兴趣是课外阅读的重要条件，只有自己喜欢看书，才能多阅读。

（7）贵州省正安县初中生调研情况

访谈对象：一名初中毕业生（暑假后读高中一年级）

访谈地点：贵州省遵义市正安县

访谈时间：2016 年 8 月 9 日

访谈对象是一位小姑娘，学习认真，成绩优秀，今年初中毕业，以优异的成绩考上县里的重点高中，暑假后读高中一年级。中考后没有暑假作业，但是她自己购买了一些练习册做题。

她非常喜欢读书，自己家里的客厅、卧室里到处都是书。初三的学习时间紧张，但是她在这一年也读了七八本课外书。她喜欢读文学名著和小说，平时也爱看报纸和杂志。她经常读的报纸是《遵义日报》，这一点和她的同龄人很不一样。

她除了自己买书读以外，也喜欢在书店里看书，或者借书读。借阅图书的来源有书店、学校图书馆、县图书馆，还有同学，同学们有时会互相借书。班里经常组织同学们互相借阅图书的活动，大家很喜欢这种活动。学校附近有几家书店，平时比较常去。平时上学的时候，主要是在周末读课外书，大概每个周末用一两个小时阅读；暑假期间读课外书多一些。

这位学生除了读纸质图书报刊外，也经常进行数字阅读，她主要是用电脑、手机和平板电脑进行数字阅读。每周的数字阅读有一两个小时，数字阅读很方便。

她的父母是做生意的，平时忙，在家基本上不看书，对她的阅读没什么指导。她很喜欢读书，虽然父母不怎么看书，但是自己读书以后，有时也和父母讨论讨论，比如，书里的人物。有时她也觉得，如果父母能够指导自己的课外阅读会更好。她读课外书，主要是根据自己的兴趣选择；通过读书，能了解时事情况，也能从一定程度上缓解学习压力。

在同学当中，该同学是属于非常喜欢读书的。而根据她的了解，周围大部分同学对阅读的兴趣不浓。

（8）贵州省长顺县初中生调研情况（一）

访谈对象：一名初中生

访谈地点：贵州省黔南布依族苗族自治州长顺县

访谈时间：2016 年 8 月 10 日

访谈对象是一名初中生，暑假后读初中三年级，是个女生。她说自己家里的课外书虽然不算多，大概也就十几本，但是她读过的课外书不少，她经常从学校图书馆和县城图书馆借书来看。她平时喜欢读文学名著，有时也看看故事书，基本上不看报纸杂志。她也没用电脑、手机等看过数字阅读内容，是喜欢传统阅读方式的学生。

她没有参加过阅读活动，就是自己在课余时间读一下课外书，一般来说，就是在放假时阅读。平时学习时间很紧张，早晨 7:20 到校，晚上有晚自习，要到晚 10:30 才下课，一天的学习时间安排得很满，剩下的只是休息时间了。虽然平时也有周末休息，但是作业不少，而且一周的学习很累，周末还要放松放松，主要是在户外活动一下，所以，真正的课外阅读时间就是在寒暑假这种假期了。

她是很喜欢阅读的，她的几位好朋友，都喜欢读书。

虽然她对课外阅读很有兴趣，但是课外阅读时间确实太少，而且家长更关注课程学习以及课内阅读，家长对课外阅读是不太支持的，这些都使她的课外阅读变得困难。此外，有时周末，学生也有一些时间阅读，但是学校图书馆在周末不开放，借书不是太方便。

该学生认为，虽然现在的学习比较紧张，但是如果学校能多开展读书活动，能有老师对同学们的课外阅读做一些指导，比如，给同学们推荐一些好的课外书，学生的阅读兴趣会更高。

（9）贵州省长顺县初中生调研情况（二）

访谈对象：一名初中生

访谈地点：贵州省黔南布依族苗族自治州长顺县

访谈时间：2016 年 8 月 10 日

访谈对象是一名初中生，暑假后读初中三年级，是个男生。他说自己读的课外书不算多，主要喜欢读小说。所读的课外书有自己买的，也有向同学借的，没有从书店或图书馆借过。除了读纸质书，他也用手机阅读，主要是读小说，都是看的免费小说。

他有一些时间读课外书，主要是周末和假期。但是读课外书的时间不算多，因为作业是比较多的。而且在周末和假期里，总要放松放松休息一下，他会玩玩电脑游戏。闲暇时间选择读课外书，除了个人兴趣外，还有为了减少学习压力和休闲放松。

他表示在课外阅读时，找不到喜欢的书是很苦恼的，如果有人推荐适合的书就更好了。

（10）贵州省长顺县小学生调研情况

访谈对象：一名小学生

访谈地点：贵州省黔南布依族苗族自治州长顺县

访谈时间：2016 年 8 月 10 日

访谈对象是一名四年级小学生，男生。他说自己喜欢读故事书和漫画书，喜欢看动画片。自己家里的书不太多，经常从学校图书馆或书店借书看。家长在家里也读书，还会要求他读书，但是他读课外书的时间有限制，只在周末做完作业看一看。他读课外书时，也不和家长讨论书的内容之类的。因为平时作业不少，而且家长对他读课外书有限制，所以读课外书的时间不多。

学校会组织一些阅读活动，老师也会对阅读做一些要求，他喜欢参加阅读活动，也觉得通过课外阅读能增长知识，但是，也会有困惑，不知道读哪些书好，希望有人帮助。

（11）云南省漾濞县高中生调研情况（一）

访谈对象：一名高中生

访谈地点：云南省大理白族自治州漾濞彝族自治县

访谈时间：2016 年 8 月 15 日

访谈对象是一名高中二年级学生，男生。他比较喜欢阅读，尤其喜欢科幻类、悬疑类的课外书。自己家里的课外书有 30 多本，一年能读 10 本左右课外书。自己读的课外书有自己买的，还有从图书馆借的，也有跟同学借的。除了图书，空闲时也偶尔看看报纸，是体育类的；偶尔看看杂志，也主要是体育杂志和娱乐杂志。平时有一些时间看课外书，一天有一小时左右。

除了纸质的书报刊，他也会用手机看一些小说、新闻等。手机阅读都是免费的。平时去书店不多，会去图书馆，图书馆里人比较多，但是很安静，书籍种类齐全。在家里，家长也会读书。他有时也和家长一起讨论书里的内容。

在读课外书时，主要是读科幻类的书，都是按照自己兴趣选择的。选课外书时，有时家长也会给予一些建议。没有参加过什么阅读活动。

针对有些学生课外阅读少的情况，该学生认为，原因之一是现在的一些学生学习兴趣不太浓厚，过度沉迷电脑和手机。而要想让学生能够爱读书、多读书，应该多寻找自己感兴趣的书籍，找到和自己志趣相投的人互相讨论。

（12）云南省漾濞县高中生调研情况（二）

访谈对象：一名高中生

访谈地点：云南省大理白族自治州漾濞彝族自治县

访谈时间：2016 年 8 月 15 日

访谈对象是一位高中一年级学生，女生。她很喜欢读书，尤其喜欢读文艺、历史类、心理学类图书，一年能读 20 本左右的图书。家里的书多，书架摆满了，差不多有 50 本。自己读的课外书有自己买的，还有从图书馆借的，也有跟同学、亲戚借的。除了图书，她也会看看报纸，主要是财经类和生活类的；偶尔看看杂志，主要是娱乐杂志。

每天都会有一些时间读课外书，假期里时间更充分，每天都能有两小时读课外书。除了读书报刊，她也用手机阅读，会看看学习资料，也会看看小说。都是免费阅读的。

平时会去图书馆，图书馆的书籍种类多，环境十分安静，阅读氛围好，她喜欢去图书馆。在家里，家长也读书，她和家长经常一起读书，讨论图书内容。

在选择课外书时，家长会给一些建议，自己的兴趣也很重要，比如，选择读历史、心理学类的图书。她参加过班级组织的阅读活动。同学们选择自己感兴趣的文章，阅读之后写读后感，再由老师进行评价总结。

针对有些学生课外阅读少的情况，该学生认为，现在科技进步快，出现了大量容易干扰人阅读的事物，如电脑游戏。要想让学生爱读书、多读书，一方面可以从书籍本身入手，包装要精美有趣，让人有阅读欲望；另一方面家长要培养孩子的阅读习惯。

6.7.3　中小学家长调研情况

（1）贵州省道真县家长调研情况（一）

访谈对象：一位家长

访谈地点：贵州省遵义市道真仡佬族苗族自治县

访谈时间：2016 年 8 月 8 日

访谈对象是一位小学一年级（暑假后读二年级）学生的妈妈。小学生是男孩。孩子比较喜欢读书，在各种书里比较喜欢绘本书，喜欢小故事。妈妈会和孩子一起看书，有时在睡前读一读故事。妈妈有空的时候自己也看一些书。

孩子上小学以后，妈妈一两个月带孩子去一次书店，还没有带孩子去过图书馆。有时在书店买书，有时也在网上买书，一年花一两百块钱买书。

妈妈还没有参加过关于孩子阅读或阅读指导的活动，但是很希望参加这样的活动，很想得到一些图书推荐的信息，比如，哪些绘本适合一年级的学生读。

孩子虽然对绘本及故事书比较有兴趣，但是一年级识字量太少，自己阅读比较有困难。妈妈觉得孩子应该对更多类型的好的课外书有兴趣，而且应该多识字才能更好地读书；妈妈也认为阅读推荐、班级阅读氛围等都对孩子提高阅读兴趣、多读课外书有好处。

（2）贵州省道真县家长调研情况（二）

访谈对象：一位家长

访谈地点：贵州省遵义市道真仡佬族苗族自治县

访谈时间：2016 年 8 月 8 日

访谈对象是一位小学四年级（暑假后读五年级）学生的爸爸。小学生是女孩。孩子很喜欢读书，家里的书架都装满了书。爸爸妈妈在周末一有空就陪孩子读书，如果出去，差不多每次都要去书店；有时也会和孩子一起去图书馆，但去图书馆没有去书店那么频繁。

家里有比较好的阅读氛围，爸爸妈妈平时也读书，爸爸每年读四五本纸质书。孩子在家学习、读书的时候，爸爸妈妈都不看电视，除了做家务就是看书看报。

孩子爱阅读主要是她个人的兴趣所在，爸爸妈妈没有过多干涉，爸爸妈妈不了解怎样指导孩子阅读，也没有参加过对孩子阅读指导的活动。但明白孩子阅读课外书是有很多好处的，应该重视。只是也常常出现“不知道读哪些书好”的困惑，所以，一定的阅读指导或推荐也是有必要的。

这位家长认为，促进孩子多读书、读好书，根本在于孩子自身，让孩子自身产生阅读的兴趣。现在的书也都比较贵，如果孩子想看书就能很方便地借到，应该也能够很好地提高孩子的阅读兴趣。

（3）贵州省道真县家长调研情况（三）

访谈对象：一位家长

访谈地点：贵州省遵义市道真仡佬族苗族自治县

访谈时间：2016 年 8 月 8 日

访谈对象是一位小学五年级（暑假后读六年级）学生的爸爸。小学生是女孩。孩子喜欢读书，爸爸或妈妈经常带孩子去书店或图书馆，去图书馆的次数比去书店多，一两个月去一次。

父母认为，阅读课外书很好，孩子应该多阅读，读好书。爸爸自己平时也读书，一年读两三本纸质书。也参加过一些关于孩子阅读的活动，主要是学校组织的。

但是，有时孩子的作业太多，平时没时间阅读，主要是在周末和寒暑假阅读。现在书也比较贵，如果有更多的方便借书的渠道，能从一定程度上推动学生阅读。

要想促进学生阅读，该家长认为，政府多投入支持、学校多开展一些读书活动、家长爱看书、孩子有兴趣，都是很重要的。

（4）贵州省长顺县家长调研情况（一）

访谈对象：一位家长

访谈地点：贵州省黔南布依族苗族自治州长顺县

访谈时间：2016 年 8 月 10 日

访谈对象是一位小学生的妈妈。孩子是男孩。这个家庭祖籍四川，父母是在长顺县打工的，孩子就跟着在长顺县上学了。家里有一个姐姐，不到二十岁，现在已经不上学了，在外地打工。妈妈偶尔会和孩子去书店，但是没有去过图书馆。

这位妈妈认为，孩子阅读是重要的，但是阅读课外书就没那么重要了，甚至可能影响学习，孩子还是多学习功课最重要。

现在孩子上小学，但是功课多，没有时间读课外书；而且家长的文化水平低，不知道怎么辅导孩子读书。认为孩子如果爱读书的话，能借到书就可以了。

（5）贵州省长顺县家长调研情况（二）

访谈对象：一位家长

访谈地点：贵州省黔南布依族苗族自治州长顺县

访谈时间：2016 年 8 月 10 日

访谈对象是一位小学生的妈妈。孩子是女孩。这位妈妈平时也会陪孩子去书店看看，有时也和孩子一起看看书，但是她自己一般不读书，休闲时间比较喜欢和邻居几位年龄相近的大姐打打牌。

这位妈妈认为，孩子喜欢阅读当然很好，但读不读课外书不重要，关键是学习好，把几门课程学好是最重要的，和课程相关的阅读是必要的。

如果孩子对读书有兴趣，老师能告诉家长和孩子读什么书好，这样最好了。

（6）贵州省长顺县家长调研情况（三）

访谈对象：一位家长

访谈地点：贵州省黔南布依族苗族自治州长顺县

访谈时间：2016 年 8 月 10 日

访谈对象是一位高中生的妈妈。孩子是女孩，一般都是孩子自己去书店或图书馆，孩子还是比较爱读书的。

这位妈妈是饭店老板，平时比较忙，自己没有时间读书，和孩子交流阅读的情况也很少；但是，妈妈很支持孩子阅读，认为多读书很好，应该重视孩子阅读。尽管没有时间关注孩子选书买书的事情，但是妈妈在经济上给予大力支持。这位妈妈觉得孩子的课外阅读兴趣最重要，没有兴趣就很难读书了。

（7）云南省漾濞县家长调研情况

访谈对象：一位高中生家长

访谈地点：云南省大理白族自治州漾濞彝族自治县

访谈时间：2016 年 8 月 15 日

访谈对象是一位高中一年级学生的妈妈，孩子是女孩。根据这位家长的介绍，孩子对阅读兴趣比较浓厚，一年来大概能读 70 本到 80 本课外书。妈妈对孩子的课外阅读很满意，支持孩子进行课外阅读。妈妈每星期都会陪孩子阅读，有时在家，有时是在图书馆。和孩子参加过学校举办的阅读活动，学校让家长和孩子一起阅读书籍并进行讨论，在加深了亲子关系的同时也有了知识的增长。妈妈经常陪孩子去图书馆。去图书馆很方便，图书馆书很多，阅读环境很便利。在孩子课外阅读方面，这位妈妈说大概一年会花 800 元到 1000 元买书。

这位妈妈自己很爱读书，一年大概读 50 本。这些书大多是金融、政治、历史类的书籍。她了解学校举办的阅读大赛，也知道有“世界读书日”。

这位妈妈认为，要想让学生爱阅读、多阅读，政府部门应该多宣传图书阅读，多投入资金用于图书馆、书店的建设；学校应该多开展有关阅读方面的活动；全社会应该号召全民阅读、培养阅读氛围。

第 7 章

普惠阅读扶助机制的构建及其作用方式

目前，我国国民阅读公共资源和设施分布还存在不均衡现象，扶助贫困地区全民阅读工作，保障未成年人的基本阅读需求，是促进全民阅读均衡协调发展的必然要求，对全面实现全民阅读、建设书香社会有着重要的意义。课题组根据访谈和调研中发现的中小学阅读的困境及问题，结合国内外现有的相关扶助政策措施等，提出中小学阅读扶助机制建议。

7.1 普惠阅读扶助机制构建

中西部贫困地区阅读是全民阅读区域中的薄弱环节，中小学生阅读是全民阅读的重要组成部分，关注中西部贫困地区中小学生阅读情况，是全面实现公益性、普惠性、均等性全民阅读的必然要求。在推动中西部贫困地区中小学生阅读工作中，应坚持政府主导，社会力量广泛参与的原则，在家校教育层面发挥积极作用，从而促使中小学生形成阅读兴趣和养成阅读习惯，提高阅读能力和阅读水平。

从政府层面来看，政府部门统揽全局，用“阅读公平”理念推进中西部贫困地区中小学阅读工作。各相关部门整合资源，协调工作，组成中西部贫困地区中小学阅读扶助工作协调机构，指导相关机构和社会组织的中小学生阅读推广工作。通过营造良好的阅读氛围、制定阅读能力标准及课程标准、对中小学生阅读相关组织提供经费支持、鼓励社会组织参与中小学生阅读促进工作等形式，保障中小学生的阅读权利，满足中小学生的基本阅读需求，为实现全民阅读均衡发展起到切实的推进作用。

从家校教育层面来看，中小学生是阅读扶助机制的受益者，也是阅读扶助机制发挥作用的核心主体，阅读扶助机制的作用要通过中小学生主体的阅读自主性、阅读能力和阅读水平的提升来体现。学校和家庭分别是中小学生阅读活动进行的重要场地，在很多情况下，学校和家庭都直接给学生提供阅读的时间资源和内容资源。学校通过提供优质的校园阅读环境，为中小学生提供阅读支持。家庭为学生阅读提供相关的规范，家长的阅读观念和阅读习惯也对中小学生的阅读规范、阅读习惯和阅读偏好带来重要的影响。当学生年龄较小时，这种影响体现得更为明显。因此，中小学生、学校和家庭也分别成为普惠阅读扶助机制的三个重要的主体。

从社会层面来看，第一，公共图书馆具有设立的普遍性、服务的公益性和图书的丰富性等特点，是全民阅读的重要载体之一，是中西部贫困地区的中小学生阅读工作推进的重要主体之一。图书馆通过自身的青少年图书区域，直接为中小学生提供阅读内容资源，通过开展专门的阅读活动吸引中小学生，一些图书馆还通过与学校或其他文化机构合作开展活动，开展中小学生阅读活动。第二，出版业也在一定程度上参与中小学生的阅读扶助工作。从出版适合中小学生的优质图书、销售好书，到为中小学生提供专业的阅读文化服务，出版社、书店等机构也都起到重要的作用。第三，其他社会组织助力阅读推广活动。扶助机制中的社会组织范围很广，主要包括四种类型：阅读推广机构和民间阅读组织（如读书会、读者俱乐部等）、各种学生活动场所（如游乐场等）、一些企业组织或商业机构，还有传媒机构。阅读推广机构或阅读组织开展阅读活动，为学生提高阅读能力和水平提供专业指导；各种学生活动场所是学生可能出现的区域，要使普惠阅读扶助机制全面覆盖，吸引各种相关的社会组织参与进来也是必要的；企业组织或商业机构为阅读活动提供资金支持；传媒机构为学生阅读活动提供信息传播平台，有时也独立开展或与其他机构合作开展阅读推广活动。因此，图书馆业、出版业、其他社会组织等也分别成为普惠阅读扶助机制的三个重要的主体。

因此，本课题从三个层面和七个主体的角度进行分析，提出以政府层面为主导，以家校教育层面为中心，以社会层面（包括图书馆业、出版业、其他社会组织等）为支撑的扶助机制建议，普惠阅读扶助机制体系见图 7-1。

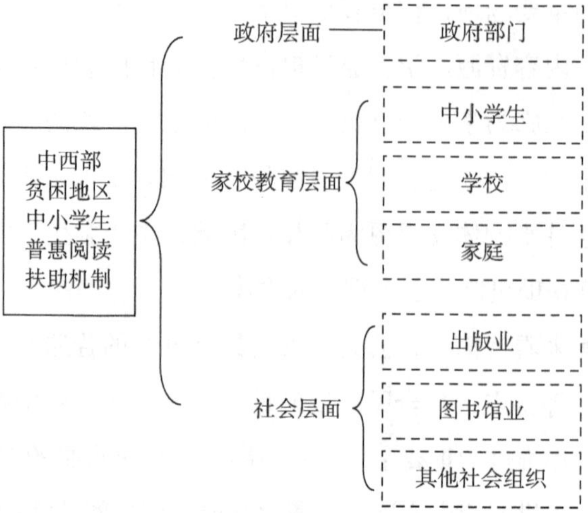

图 7-1 中西部贫困地区中小学生普惠阅读扶助机制体系

7.2 政府层面的扶助机制作用方式

政府部门以阅读公平为基本理念，保障中小学生阅读权利，督促相关社会主体履行促进中小学生阅读的义务，规范中小学生阅读推广工作，为中小学生在成长各阶段的阅读能力培养提供保障。

7.2.1 营造良好的社会阅读氛围，尤其要引导家庭阅读氛围的形成

在政府层面，引导全社会形成良好的阅读氛围，有利于塑造中小学生的阅读环境。良好的社会阅读氛围是中西部贫困地区中小学生普惠阅读扶助机制发挥作用的前提和基础，对家庭和学校主体形成重视学生阅读的理念、采取促进学生阅读的行动产生重要的影响，对出版业、图书馆业、其他社会组

织积极设计和参与学生阅读活动产生积极的推动作用。

课题组在调研中发现，中西部贫困地区中小学生的家庭阅读氛围欠佳，家长不参与或极少参与孩子图书阅读的情况约占一半；家长自己的阅读情况也不容乐观，每年阅读少于 3 本书的情况占比超过 50%，调查中甚至有近五分之一的家长在一年内完全没有读过书。此外，调研中还发现，一些家长非常依赖学校对学生阅读习惯的培养，很少意识到家庭对促进学生阅读的作用。家庭是中小学生学习和生活的重要场所，中小学生在能力提升、习惯养成的重要阶段，极易受到家长行为潜移默化的影响。家庭阅读氛围不足，学生的阅读习惯和阅读能力培养直接受到影响。因此，在全面营造良好的社会阅读氛围时，还要着重引导家庭阅读氛围的形成。

当各级政府以相关政策的形式推动社会阅读氛围形成时，就为中小学生阅读提供了良好的社会环境基础，家庭和学校作为学生阅读能力培养的重要环境，图书馆、出版业中的实体书店以及其他社会组织作为学生接触图书或社会阅读活动的重要基地，都是中小学生阅读推进的直接主体，在良好的社会阅读氛围下，起到积极的作用。

7.2.2　督促完善阅读能力标准及课程标准，提高学校的主体意识和参与度

课题组通过调研发现，中西部贫困地区的一些学校受到升学压力的影响，很少安排课外阅读活动。升学导向下的学生课外活动安排的情况仍然很明显，在“高考指挥棒”的影响下，学校、学生和家庭都在一定程度上推动着升学目标下的课外阅读结果形成——没有课外阅读，或者课外阅读很少。对学生来说，有限的课外时间中，大部分时间都被作业所占据，没有充足的时间进行阅读。在升学压力的影响下，一些学校领导层和教师对课外阅读关注较少，一些家长不赞同学生进行课外阅读，甚至认为课外阅读是“浪费时间”或“不务正业”。

要扭转这一不利于学生阅读的局面，在政府层面，有必要采取一些措施提高学校对学生阅读的参与度。一些国家就把阅读能力（包括在线阅读能力）作为中小学生能力测试的一部分，或者将其纳入课程标准，培养学生阅读自主性，如美国、澳大利亚和英国等。事实上，我国在新课程标准中有一些对学生阅读的相关说明。例如，《普通高中语文课程标准》中对阅读和阅读教学有相关的规定；在中小学学生的各种考试和考核中也都有对阅读能力进行直接或间接的考查。但是，落实起来效果并不明显，阅读能力与学生成长和学业进步的关系还没有广为人知。

因此，政府相关部门通过组织相关领域专家完善中小学生阅读能力标准及课程标准，提高学校的主体意识和参与度，能够使学校主体更好地发挥其在学生阅读培养中的作用。一方面，通过完善中小学生阅读能力标准，明确各阶段学生应具备的阅读能力，通过多种形式对阅读能力进行考查，强化教师、学生及家长对中小学生阅读能力的重要性的认知，重视学生阅读能力的培养，成为阅读活动的积极推进力量。另一方面，通过完善中小学课程标准，明确中小学生阅读在其中的地位和作用，使教师在教学时对培养学生的阅读能力有据可依；同时，也使学生阅读更具有系统性，使学生的课程学习和能力培养更具有完整性和连贯性。通过阅读能力标准和课程标准的制定，提高学校对开展学生阅读活动的主体意识，提高学校对学生阅读活动的参与度；以中小学教育为核心，将学生阅读的重要性和学业相关性认知传播出去，也能够从一定程度上转变家长对阅读的一些错误认识。

7.2.3 增加对阅读相关组织的经费投入，提高阅读资源的质量和使用率

课题组通过问卷调查发现，在阅读资源——图书的获取方面，购书在大多数中小学生看来很方便。各种购书渠道基本上可以满足学生的购买要求。购书是学生获得课外书的主要来源，而图书馆，尤其是区县图书馆的使用程

度并不高。学生每月平均去书店的次数大于去图书馆的次数，对中小学生来说，周边书店的可及性大于图书馆的可及性，而且图书馆的使用率还不高。

再结合课题组的实地调研和访谈来看，一些县级图书馆存在下列问题：图书更新不足，甚至没有新期刊；电脑软硬件陈旧；专业人力资源匮乏；流动图书车的不适用问题①；等等。调研中也发现，尽管一些县级图书馆努力展现自身优势，吸引中小学生读者，但也有个别县级图书馆存在未按时开门的情况，甚至，西部地区的个别基层图书馆已经闭馆，整体发展情况不乐观。在一些贫困县，包括中小学生在内的群众对县级图书馆了解少，学生及家长很少进图书馆，甚至不知道当地图书馆在哪里，图书馆利用率低。

课题组在调研中发现，一些中西部贫困地区的学校也存在阅读资源不充足的情况。例如，有的学校的图书主要来源于图书馆、出版社、公益组织捐赠，缺乏对阅读内容资源的选择性，学校有多媒体教室的设置，但是当地的网络信号较弱，学校上网查询数字阅读资源很不方便。事实上，很多中西部贫困地区的学校存在类似的现象。在学生的调查问卷中也体现出来，除了购买课外书，同学间的换书或借书是图书交流的最主要渠道，超过了在学校图书馆借书，更远大于在县城图书馆或农家书屋借书的情况，学校图书馆利用率很低。

政府相关部门通过有针对性地对中西部贫困地区的公共图书馆和学校图书馆给予经费支持，帮助这些图书馆更新图书和期刊，更新电脑软硬件设备，优质的阅读资源也能从一定程度上吸引中小学生，提高这些图书馆的资源利用率。

除了公共图书馆和学校图书馆以外，实体书店也是中小学生阅读的一个重要阵地。课题组的调查结果显示，从书店购买图书是学生获取阅读资源的

① 这是在调研中发现的流动图书车问题：流动图书车的应用效果很好，但是，图书车进乡村小学时有困难。山路狭窄、弯路多、急弯多，图书车较长、制动系统也不太适合山路情况，很容易有危险。希望能有适合山路的图书车用于送书下乡等活动。

重要途径，书店的可及性很高，学生到书店较为方便。结合课题组的实地调研情况，中西部贫困地区的实体书店数量不多，其中，学生认知度高的多是一些以经营教辅图书为主的民营实体书店。因此，要提高中西部贫困地区学生阅读的丰富性，实体书店也大有可为之处。政府相关部门通过对新华书店和当地的优秀民营实体书店给予资助，通过实体书店提高学生对优秀阅读资源的可获性，也能从一定程度上提高阅读资源的质量，促进学生阅读能力的培养。

7.2.4 关注阅读推广，鼓励社会组织参与中小学生阅读促进工作

中小学生阅读是全民阅读的一部分，对全民阅读的长远发展有着重要的作用。从学校、学生和家庭三种中心主体来看，阅读什么、如何阅读是重要的但却是不够清晰的主题。从课题组调研的情况来看，对学生来说，影响学生阅读兴趣的最主要因素是找不到合适的书，而如果有人能够告诉学生应该读哪些书，这对阅读的促进应该是明显的；对家长来说，很多家长对学生阅读指导比较迷茫，希望依赖学校来促进学生阅读能力提升，表现为对“学校开展读书活动”等给予很大的期望；很多教师认为，家长不知道怎样辅导孩子阅读，对学生的课外阅读造成了一定的障碍。

调研中的这些发现亟须专业的阅读服务来解决，而有效的阅读推广工作在中西部地区尤其是贫困县中还不多见。而且，中西部贫困地区的家长在阅读指导方面存在不足，更使这些地区对专业的阅读服务需求增加。

进行阅读推广的主体可以是有经验的图书馆和出版社、书店，也可以是一些专业的阅读推广机构、志愿者和公益组织。可以借鉴国外的“终身阅读者”组织和“读与伴读”协会的做法，前者受到欧盟经费的资助，专门从事青少年阅读推广工作，为学校以及图书馆提供阅读推广工作活动的建议和辅导，引导学生进行阅读；后者则是由 50 岁以上志愿者组成的，目的是激发孩子们对阅读的兴趣。

政府相关部门鼓励图书馆、出版社、书店以及多种社会组织参与中小学生阅读促进工作，对阅读推广工作予以资助，解决阅读对象、阅读方法和技巧等问题，能够满足中西部贫困地区中小学生的需求。

7.3　家校教育层面的扶助机制作用方式

家校教育层面包括家庭、学生和学校三个主体，是普惠阅读扶助机制的中心。学生是普惠阅读扶助机制的直接受益者，是扶助机制的核心；家庭和学校是学生阅读能力培养的两大阵地，是中小学生接触最多的、阅读机制发挥作用最核心的部分。

7.3.1　中小学生充分发挥主观能动性，提高阅读的积极性

中小学生处在学习和成长的阶段，可塑性强，且具有主观能动性，是普惠扶助机制中的各项措施落实的对象。激发中小学生的阅读兴趣，使中小学生在主观上愿意阅读，有条件、有信心进行阅读，是各种相关措施发挥作用的基础和前提。

课题组在调研中发现，找不到喜欢阅读的书、阅读基础不足、缺少阅读时间、对阅读没兴趣都是给学生课外阅读带来困难的阻碍因素；对阅读书目方面的指导、学校或班级的阅读活动、手机阅读、周围同学都在读书的阅读氛围、阅读方面的疑难问题解答，这些都是能够激发学生阅读兴趣的推动因素。由此可以发现，降低阻碍因素的作用、增加推动因素的积极影响将能够提高中小学生阅读的积极性，增加学生的阅读信心，促进中西部贫困地区中小学生阅读。

在中西部地区，中小学生如果通过阅读书目推荐了解阅读内容，通过参与阅读活动提高阅读兴趣和阅读能力，通过规范手机阅读规范自身的阅读行为，通过校内外的阅读时间保证和阅读氛围的塑造得到良好的阅读环境条件，那么，中小学生的阅读积极性将得到有效的提高，从而提高扶助机制中其他策略应用的积极效果。

7.3.2 学校通过提供优质的校园阅读环境，为中小学生提供阅读支持

学校是学生阅读能力培养和阅读活动开展的重要阵地，学校通过在多方面提供学生阅读支持，为中小学生创造优质的校园阅读环境。政府部门的相关政策措施中的一部分会通过学校得以落实；要实现学生及家庭对阅读的重视，学校教育也是一项重要的影响因素；一部分社会组织在普惠阅读扶助机制中要发挥作用，有时，学校也是其重要的合作方。从课题组的调研情况来看，学校在提供优质的校园阅读环境方面，还有很多可作为之处。

第一，课题组在调研中发现，一些学校专注于与考试和升学直接相关的课程内容，缺乏对学生阅读的制度安排，校园阅读环境建设方面还存在不足。

第二，从调研结果来看，中西部贫困地区中小学生的阅读时间相对较低，平均每天用一小时阅读的学生还不到十分之一，部分学生不能做到每天阅读课外书。学生们认为，阅读时间少的最主要原因是作业多，在对家长的调研中也反映了这一点；在对教师的调研中发现，教师认为孩子没有兴趣是最主要的影响因素，但同时，教师也认为学生的功课多给学生阅读带来阻碍。

第三，课题组在调研中发现，大部分中西部贫困地区中小学的图书馆利用率不够高，图书老旧，图书更新较慢。

第四，课题组在调研中发现，中西部贫困地区的不少中小学生担心自身的阅读基础低，影响阅读；部分中小学生认为，缺乏阅读指导是造成阅读困难的重要因素。在中小学，有一些老师能够指导学生阅读（主要是语文老师），

但是专业的阅读指导还不够。

第五，从课题组调研的情况来看，家长认为学校开展读书活动是提高学生阅读兴趣的主要因素，这与多数家长的一贯想法一致，认为学生兴趣的培养主要来自学校的努力；老师也同样认为，学校开展读书活动是提高学生阅读兴趣的主要因素，学校对孩子阅读兴趣的培养承担着最主要的责任。

综合来看，中小学生及家长对学校创造更优质的阅读环境、开展更丰富的阅读活动有一定的需求，而学校也处在改善学生阅读环境、开展阅读活动的有利位置，在普惠阅读扶助机制中占据重要的地位，能够为中西部贫困地区中小学生阅读活动的开展发挥作用。

7.3.3　家庭形成有关阅读的正确观念，形成良好的家庭阅读氛围

在对中西部贫困地区中小学生家长进行问卷调查和访谈时发现，一些家长对孩子的课外阅读持“不支持”或“无所谓”的态度，家长们特别关注孩子的课程学习情况，而对于与成绩、升学看起来无直接联系的阅读活动很少关心。调研中发现，约有半数的父母对孩子的阅读属于无参与或极少参与的状态。而做到平均每天都有交流的仅占 3%，比例极低。家庭阅读氛围处于缺乏状态。而在关于学生阅读兴趣的影响因素的调查中显示，家长认为学生兴趣的培养主要来自学校的努力，也使家庭阅读氛围成为被忽视的因素。因此，通过创造和培养家庭阅读氛围，对提高中小学生的阅读兴趣、阅读能力和水平有着重要的作用。

当家庭中形成了良好的阅读氛围时，家长、孩子都逐渐培养了良好的阅读习惯，这种阅读习惯又促进阅读氛围的形成，成为良性循环。在这一过程中，中小学生（孩子）在家长阅读行为的影响下产生了阅读兴趣，读更多的图书，有更多的收获；通过与家长一起读书探讨，又提高了认知能力和信息获取能力。当阅读能力获得提升后，亲子关系也会更为和谐。

7.4 社会层面的扶助机制作用方式

社会层面包括图书馆业、出版业和社会组织三类主体，是普惠阅读扶助机制的支撑。公共图书馆向社会提供公共文化服务，重点之一就是阅读文化服务。出版业虽然面向市场开展经营业务，但其向社会提供图书等出版物，既带来经济效益，也带来社会效益，也在为社会提供阅读文化相关的产品及服务。推进中小学生阅读工作是为社会长期发展谋福祉，阅读文化相关的社会组织也被纳入扶助机制，提供阅读推广和阅读辅导服务，为阅读推广提供资助，或者为阅读推广活动提供传播平台。

7.4.1 公共图书馆要扩大影响力，开展多种活动引导中小学生阅读

课题组通过调研发现，在图书阅读的来源方面，除了购买课外书，同学间的换书或借书是图书交流的最主要渠道，超过了在图书馆借书，更远大于在县城图书馆或农家书屋借书，可见县城图书馆的使用率不高。这与研究团队的实地走访调研结果一致，走访中发现，欠发达地区的县级图书馆并不为大众熟知，很多学生及家长很少进图书馆，甚至不知道当地图书馆在哪里。在中西部贫困地区的公共图书馆中，尽管有一些优秀馆能立足于当地实际情况和自身资源开展服务，有一定的影响力，但是，大部分公共图书馆还需要明确其在中小学生阅读中的重要地位和作用，承担阅读文化服务的责任，打造自己的图书馆品牌并传播，提高图书馆的影响力，进而实现其推动中小学生阅读的积极作用。

具体来说，第一，公共图书馆要在馆内进行中小学生阅读区域规划，有

条件的图书馆还可以专门规划低龄学生阅读区域，用鲜明的色彩、适合低龄学生的桌椅明确分区；第二，公共图书馆应积极争取专项资金资助，购买适合中小学生的图书，及时更新图书，用优质的阅读内容资源吸引中小学生；第三，公共图书馆通过开展多样化的阅读活动吸引中小学生，如组织阅读竞赛、演讲、亲子阅读等；第四，公共图书馆通过多种形式加大宣传，塑造图书馆品牌形象，使公众有更多的了解，通过吸引公众关注，带动家庭阅读氛围的形成，进而促进中小学生阅读。

7.4.2　出版业向中小学生推荐图书，开展多种阅读活动

课题组通过调研发现，第一，在中小学生获取阅读资源的途径方面，购买是非常重要的一种途径，远超过对公共图书馆和学校图书馆的利用，各种购书渠道基本上可以满足学生的购买要求。因此，实体书店作为中小学生获取图书的重要途径，不容忽视。第二，学生受到“应该阅读什么书”的困扰比较多，希望获得优秀图书的推荐。调研中还发现，如果能找到合适的读物，能让学生增加阅读兴趣；找不到喜欢阅读的书，会给学生课外阅读带来困难。在图书推荐方面，出版业的作用非常重要。

国外出版业参与中小学生阅读扶助工作的活动也值得借鉴。例如，俄罗斯的“阅读好书吧”活动是由俄罗斯出版协会和书商联合会共同倡议的，经典书目被制作成录像短片、音乐电视短片，俄罗斯各电视台、电台播放这些短片，对提高学生的阅读兴趣很有帮助。我国出版业也可以创造性地开展活动，以出版社为主体出版适合不同阶段学生的图书，既包括经典读物，也包括具有创新性的、与现代学生生活紧密相连的优秀读物，向中西部地区的学生推荐优秀图书；以出版社和实体书店为主体开展阅读活动，向学校、学生及家长推荐图书，引领学生阅读好书，使学生形成良好的阅读偏好和阅读习惯，从而实现其在普惠阅读扶助机制中的作用。

7.4.3 社会组织向中西部地区倾斜服务资源，促进中小学生阅读

推动中小学生阅读，提高中小学生的阅读能力和阅读水平，对提升社会文化素养，促进社会文明进步起到重要的基础作用；中小学生阅读工作的开展对整个社会发展都有积极的作用。在中西部贫困地区，阅读与文化的作用对于推动地区发展更为显著。本课题聚焦于中西部贫困地区，但参与者不局限于这个地区；中小学生阅读工作的推进需要整个社会的参与，凡是能够提供阅读服务相关帮助的社会组织或个人都可以参与进来。

课题组在调研中发现，很多中小学生受到阅读基础较差、缺乏阅读指导的影响，对阅读的兴趣不足。尽管一些教师能够对学生进行阅读指导，但是距离专业化的阅读指导还有一些差距，中小学生可获得的阅读指导资源非常有限。中西部贫困地区亟须有关阅读推广和阅读指导的组织资源和人力资源。社会组织愿意为中西部地区的中小学生阅读提供相关的资源。例如，提供阅读指导服务、提供组织阅读活动的经济资助、提供阅读活动的宣传服务等，将能够举社会之力促进阅读均衡和阅读平等目标的实现。此外，还有一些以中小学生为服务对象的社会组织，也可以通过一定方式发挥其在中小学生阅读推进中的作用，全面实现社会组织在扶助机制中的作用。

第8章

普惠阅读扶助机制落实的策略建议

中小学生阅读作为全民阅读中的一部分，具有典型的公益性；中西部贫困地区的中小学生平等享有基本阅读权益。要使普惠阅读扶助机制在中西部贫困地区得到落实，并在中小学生阅读推进方面显现成效，需要围绕着中小学生的日常生活全面地给予扶助。因此，课题组建议以中小学生的生活轨迹为线索，制定中小学生生活轨迹式扶助策略体系，从多个扶助机制主体的角度出发，实施有针对性的扶助策略。

8.1 中小学生生活轨迹式扶助策略体系

普惠阅读扶助机制分为三个层面，七个主体。在中西部贫困地区，要使普惠扶助机制在落实时更全面、更有效果，应使阅读扶助策略无孔不入地渗透到中小学生的生活中去，通过中小学生的生活轨迹贯穿起所有的扶助策略。

在非节假日的周一至周五，一般从早 8:00（或早 7:30）开始到傍晚放学，中小学生主要是在学校学习，根据学校的安排，还会到学校图书馆进行阅读；每天放学后，中小学生主要是在家里写作业、复习和预习、阅读以及休息。根据中小学生的学习日生活轨迹，阅读扶助策略重点体现在对学校主体和家庭主体的扶助方面。

在每周六日和节假日，中小学生的生活轨迹主要是在家里学习和休息，在社会上的培训机构接受学科类培训或文化艺术方面的培训，以及到青少年文化服务及游玩场所进行休闲娱乐等活动。追寻中小学生的休息日生活轨迹，阅读扶助策略重点体现在对家庭主体和社会层面的主体（如图书馆、书店、其他社会组织等）的扶助方面。此外，也有特殊情况，中小学生也会因为要打预防针或身体不适到医疗保健服务机构去。医疗保健服务机构也是其他社会组织中可以提供阅读服务的机构。

因此，普惠阅读扶助机制的落实都体现在中小学生生活轨迹式扶助策略体系上，中小学生生活轨迹式阅读支持场所情况见图 8-1。

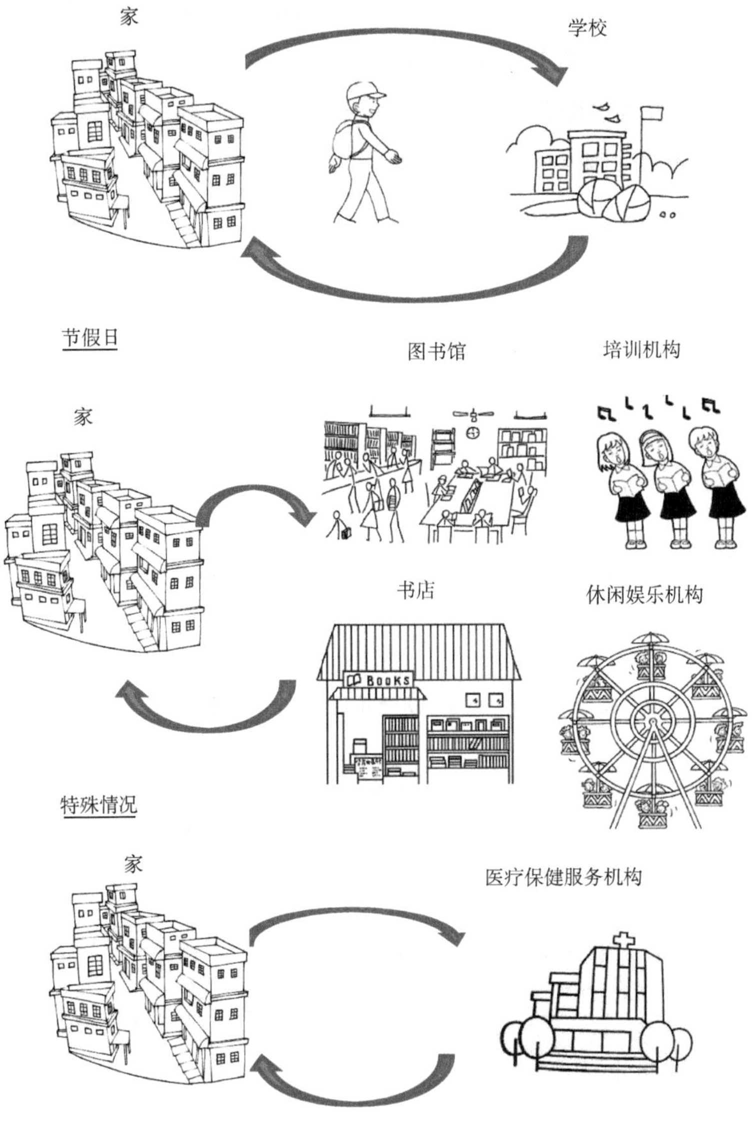

图 8-1　中小学生生活轨迹式阅读支持场所

注：图片素材来源于百度图片网

在普惠阅读扶助机制中，家校教育层面是扶助机制的中心，政府层面主导、社会层面支撑的扶助机制通过家校教育层面发挥作用，推动中西部贫困地区中小学生阅读工作。在普惠阅读扶助机制落实的过程中，对政府部门、学生、家庭、学校、图书馆业、出版业、其他社会组织这七种主体分别制定和实施有针对性的扶助策略，将使普惠阅读扶助机制的作用得到充分的发挥，真正推动中西部贫困地区中小学生的阅读工作开展，使其获得实效，策略建议情况分别见图 8-2、图 8-3 和图 8-4。

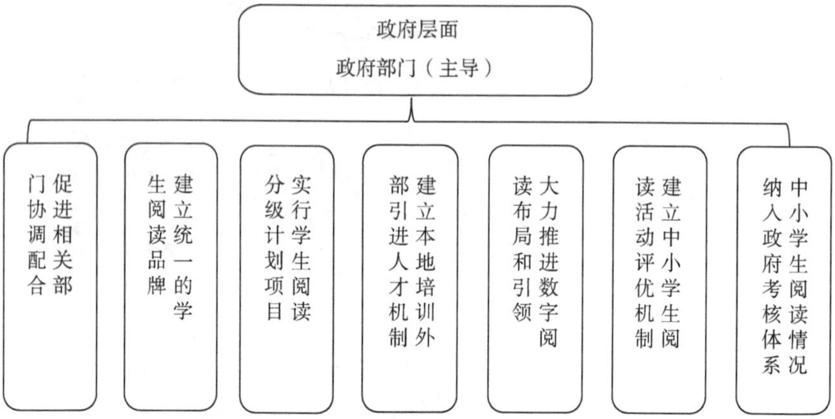

图 8-2　政府层面政府部门主体的扶助策略建议

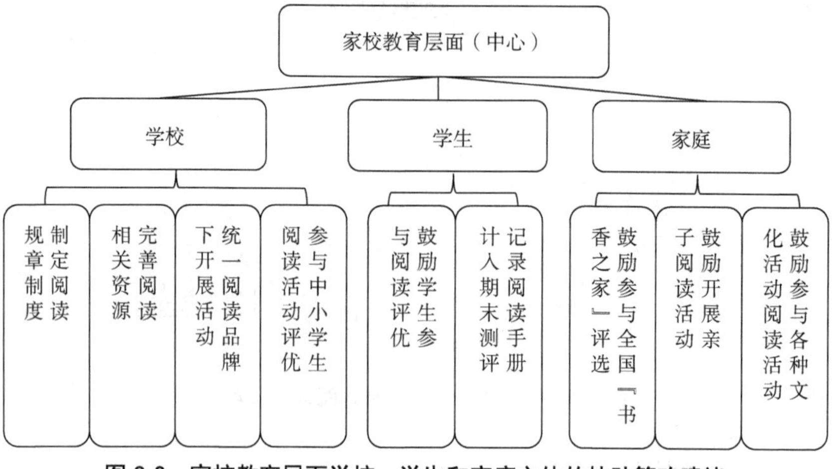

图 8-3　家校教育层面学校、学生和家庭主体的扶助策略建议

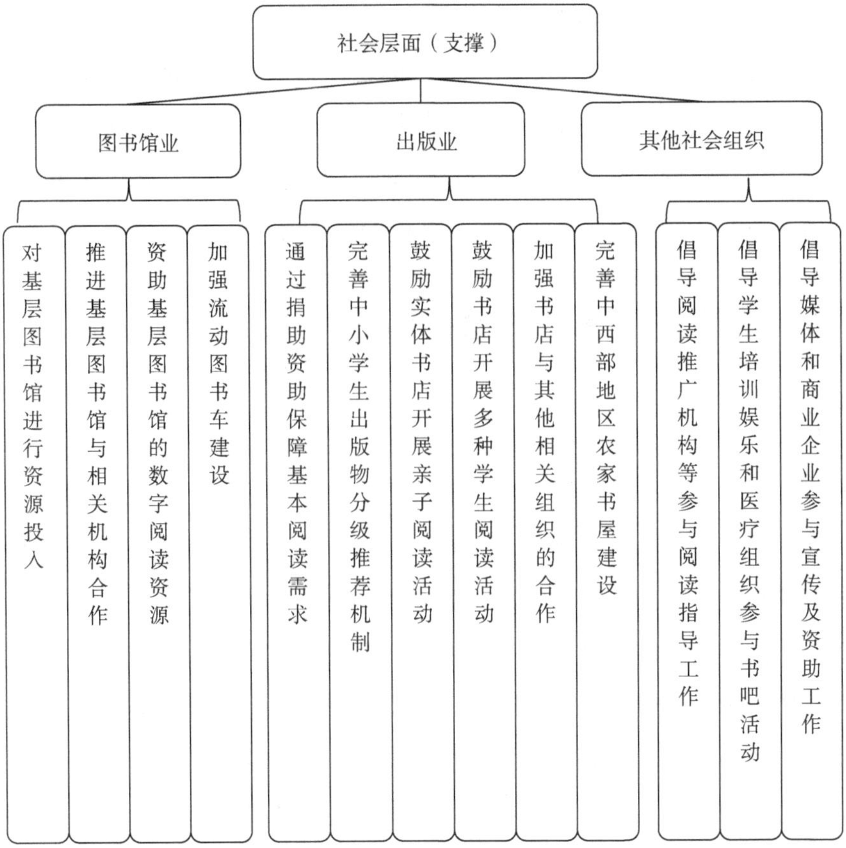

图 8-4　社会层面图书馆业、出版业和其他社会组织的扶助策略建议

8.2　政府部门主体的扶助策略建议

要使普惠阅读机制落到实处，课题组对政府部门主体提出以下扶助策略建议：第一，明确普惠阅读扶助机构的构成，促进相关部门协调配合；第二，设计中西部地区的中小学学生阅读品牌，宣传推广该阅读品牌，在统一品牌下开展阅读活动；第三，对中小学生阅读能力培养实行分级计划，制订阅读计划项目；第四，建立本地人员培训机制和外部人才引进机制，解决中西部贫困地区在中小学阅读方面的人才匮乏问题；第五，大力推进中小学生数字阅读的布局和引导，关注中西部地区阅读前瞻性发展；第六，建立中小学生阅读活动评优机制，并把评优与阅读资助结合起来；第七，将中小学生阅读情况纳入地方政府考核体系，监督扶助机制落实效果。

8.2.1 明确普惠阅读扶助机制的构成，促进相关部门协调配合

从普惠阅读扶助机制的构成就可以看出，能够促进中小学生阅读的主体较多，多个主体的分管机构不同。学校的分管机构是教育部和地方教育局，图书馆业的主管机构是文化部和地方文化局，出版业的主管机构是新闻出版广电总局和地方新闻出版广电局；在中西部地区的一些基层县，出版业和图书馆业的分管机构在一起，是文体广电新闻出版局。

要使各主体都能充分发挥作用，需要在政府层面明确阅读扶助机制的协调机制。此处可以借鉴国外规划阅读机构及政府部门举办中小学生阅读促进活动时的经验。例如，俄罗斯在举办全国“阅读经典”竞赛活动时，就由俄罗斯教育科学部、文化部、联邦出版与大众传媒署和莫斯科政府联合举办。要使普惠阅读扶助机制有效地发挥作用，有必要将教育部门、文化部门和新闻出版广电部门联合起来，建立普惠阅读协调机构，使各部门协调配合；同时，这个普惠阅读协调机构要从全国到中西部地区的市县，建立系统的各级协调机构体系，共同指导和推进中小学生阅读工作的开展。

8.2.2 设计学生阅读品牌并宣传推广，在统一品牌下开展阅读活动

在中西部贫困地区，已开展的中小学生阅读活动远不如经济发达地区的阅读活动数量多，形式也更为单一。在有限的学生阅读活动中，大部分是以

学校组织阅读活动的形式出现的，其中，要求学生定期阅读一定数量图书的形式较为普遍，其他形式较少；有个别基层图书馆创造性地开展一些学生阅读活动，但情况并不普遍；书店开展的阅读活动更少，甚至有的书店店员一提到学生阅读促进活动，就只能想到图书促销工作。

现有的中西部贫困地区的学生阅读活动零散而单一，缺乏系统性，更缺乏影响力。建议在中西部地区设计统一的中小学生阅读品牌，在阅读品牌的引领下，学校、图书馆、书店等主体开展多样化的中小学生阅读活动。

阅读品牌要体现中西部贫困地区的特点，同时体现学生这一阅读主体，可以在全民阅读活动和"书香中国"系列品牌的基础上设计。例如，设计"书香中西部——含英咀华小少年"阅读品牌。阅读品牌设计出来以后，建议利用电视台、广播电台、网络媒体等多种媒体统一宣传，在统一的阅读品牌下开展中小学生阅读活动，重点通过阅读活动进行阅读品牌的宣传推广。通过中小学生阅读活动提高阅读品牌的认知度，扩大阅读品牌的社会影响力。在统一的阅读品牌的引领下，随着各项阅读活动的开展，逐渐形成浓厚的中小学生阅读氛围。

8.2.3 对中小学生阅读能力培养实行分级计划，制订阅读计划项目

目前，在中西部贫困地区，大部分中小学生阅读能力培养的责任都落到了学校方面；而且，学生的阅读能力培养通常以语文学科教学的形式体现。在家校教育层面，对学生阅读能力培养的认识还不够全面，阅读能力培养的专业化、系统化存在不足。校内外的学生阅读活动较少，部分阅读活动只是按照参与者是小学生、初中生或高中生进行简单的划分，根据学生成长阶段对应的阅读能力确定阅读活动的观念尚未形成或正在形成。

因此，建议政府部门在中西部贫困地区推进中小学生阅读分级计划，制订阅读计划项目，使该地区在开展中小学生阅读活动时能够有据可依，能够

在明确学生阅读主体特点的基础上设计和开展有效的阅读活动。对不同年级的中小学生来说，他们在基本阅读能力（认识字词的能力）、获取信息的能力和阅读习惯的形成方面的要求是不同的，这也体现在阅读活动的原则和内容组织等方面要有差异。阅读计划项目明确对阅读参与者定位，明确学生的特点，促进阅读活动效果的呈现。这种阅读计划项目可以统称为“中西部阅读成长工程”，针对不同成长阶段的学生制订有重点的阅读计划，包括“小学生读写计划”和“青少年读写计划”等。

8.2.4 建立本地人员培训机制和外部人才引进机制，解决人才匮乏问题

在中西部贫困地区，不管是学校、图书馆还是书店等机构，都遇到了人才资源匮乏的问题。在学校里，对学生进行阅读指导的以语文老师为主，但是，阅读指导和语文教学是不同的概念。从各个学校的情况，甚至从中西部的基层贫困地区整体来看，专门的阅读指导人才还是不足的。在图书馆，很多中西部地区基层图书馆的员工都不是相关专业的专门人才，甚至有较大比例的员工是从学校、机关或其他部门调动过来的，在阅读指导方面能力不足。书店也存在类似的情况。专业人才匮乏，是需要政府部门进行扶助、帮助中西部贫困地区解决的一个问题。

第一，通过现有人才培训解决专业人才匮乏问题。建议政府相关部门在中西部地区定期组织人员培训，提高学生阅读相关机构的从业人员专业水平。在中西部贫困地区制定中小学生阅读指导者培训方案及培训机制，可以纳入全民阅读的阅读推广人培养方案和培训工作中，对学校相关教师、图书馆馆员、基层文化站员工、新华书店店员、民营书店店员、农家书屋管理员等实施系统化培训，提高中小学生阅读指导者的阅读推广能力和指导能力，支持学生阅读活动的开展。

第二，通过引进外部专业人才的形式解决专业人才匮乏问题。建议政府

相关部门推动经济发达地区对中西部地区的帮扶工作，建立对应机构的帮扶机制，实施学校、图书馆、实体书店等的“一对一帮扶”策略。在“一对一帮扶”策略中引入中西部地区进行交流的阅读指导专业人才直接指导中西部贫困地区的学生阅读工作，也可以通过经验交流等形式帮助当地人员提升阅读指导能力。

8.2.5　大力推进中小学生数字阅读的布局和引导，关注地区阅读前瞻性发展

在数字阅读越来越普遍的今天，普惠阅读机制在落实中也要充分考虑学生数字阅读的需求，重视学生对数字阅读的兴趣，在中西部地区进行中小学生阅读扶助时，关注该地区阅读前瞻性发展，大力推进中小学生数字阅读的布局和引导工作。在中西部地区对中小学生的数字阅读进行布局，从试点开始逐步推进，力争在“十三五”期间初步呈现中西部贫困地区中小学生数字阅读工作推进的成果；在推进数字阅读工作进展的同时，实现对中小学生数字阅读工作的引导。另外，还通过“中西部地区图书馆数字阅读计划”和中小学生手机阅读应用资料库的建设工作，引导和规范中小学生阅读行为。

（1）建立“中西部地区图书馆数字阅读计划”，对各类图书馆提供相关支持

建议政府部门建立并实施“中西部地区图书馆数字阅读计划”，对基层公共图书馆和学校图书馆提供软硬件支持。

第一，在硬件方面，可以通过向图书馆提供平板电脑来完善数字阅读硬件。计划实施时，可以先在部分公共图书馆和学校图书馆试点开展，向每个图书馆资助 5—10 台平板电脑。平板电脑占用空间小，使用方便，维护也较便捷。图书馆用平板电脑提供数字阅读，也更符合当今中小学生的兴趣和需求，在一定程度上能够减少学生用手机阅读的盲目性和不规范性。

第二，在软件方面，主要是在数字阅读内容方面，可以预设固定的内容。

例如，可以设置包括经典名著、优秀儿童文学作品、科普百科类图书、卡通动漫等。阅读内容丰富，形式新颖，能在一定程度上引起学生的阅读兴趣；由于内容是预设固定的，因此，能够有效地规范学生阅读内容。此外，内容更新也更方便，同时，更新成本比同样的纸质图书要低得多，在陈旧图书处理方面也更环保。

（2）建设中小学生手机阅读应用资料库，引导学生的手机阅读行为

如今智能手机已经普及，中小学生对手机也有一定程度上的依赖。虽然家长和老师都认为手机阅读对学生培养阅读兴趣的帮助甚微，但学生认为，手机阅读是提高阅读兴趣的重要途径，仅次于学校组织的阅读活动。中小学生正处在价值观逐渐形成的阶段，在认知力、判断力方面还不完善；中学生又处于青春期，在接受知识和观点时有叛逆心理。中小学生有其自身的特点，而他们进行手机阅读又缺乏相应的规范。因此，建议政府部门采取措施规范和引导中小学生应用手机进行阅读的行为。一方面，中小学生的特点决定着在处理手机阅读问题时“堵不如疏”，不允许学生进行手机阅读可能会带来负面的效果，要以引导为主，将学生引导到适合阅读的内容中去，使手机仅作为替代电脑进行数字阅读的一种工具；另一方面，政府部门可以在全国文化信息资源共享工程网络建设的基础上逐步建设中小学生手机阅读应用资料库，使学生用手机阅读时有规范化、专门化的适合的内容。

8.2.6 建立中小学生阅读活动评优机制，并把评优与阅读资助结合起来

参与中小学生阅读扶助的机构中，有专门提供社会公共文化服务的机构，也有面向市场的经济主体，不管是哪种机构，在中小学生阅读服务之外，它们还都承担着多样化的工作职责。因此，有必要对参与机构进行鼓励。同时，也应对中小学生这一阅读主体进行评优奖励。

建议政府部门建立中西部贫困地区中小学生阅读活动评优机制，每年度

定期开展活动。评优对象包括三个方面：第一，中小学生阅读优秀者，可以根据其阅读能力和水平分别冠以“阅读小学士”“阅读小硕士”“阅读小博士”称号，颁发奖状予以鼓励；第二，中小学生阅读活动的优秀组织机构，如图书馆、书店、学校、其他社会组织等；第三，中小学生阅读活动优秀个人，包括优秀的阅读活动组织者和优秀的阅读活动指导者（阅读推广人）。

在评优时，中小学生以学校统一申报的形式报送阅读优秀成果，阅读活动组织机构和个人以机构统一申报或个人申报的形式报送优秀事迹和成果。评优机制以自行申报和政府相关部门（如新闻出版广电总局）组织专家评审相结合的形式进行评选，在机构申报和专家评审的过程中，重视阅读活动的效果和活动的创新性。通过年度评选，对优秀的中小学生阅读者、开展中小学生阅读活动卓有成效的机构、能够创造性地开展中小学生阅读活动的机构以及阅读活动优秀个人进行表彰和鼓励。通过评优，树立中小学生阅读扶助机构的典型，对中西部地区开展中小学生阅读活动起到示范和引领作用。

在中小学生阅读评优机制常态化的同时，把评优机制与资助工作结合起来，评价为优秀的阅读扶助机构（图书馆、书店、学校等）于下一年度在中西部贫困地区开展中小学生阅读时，优先给予资助。

8.2.7 将中小学生阅读情况纳入地方政府考核体系，监督扶助机制落实效果

加强中西部贫困地区中小学生阅读扶助机制建设，重视扶助机制落实，严格监督中小学阅读软硬件建设成果，通过制度建设保障普惠扶助机制的效果。

中小学生阅读促进工作离不开中西部贫困地区各级地方政府和职能部门的重视和配合，要使中小学生阅读扶助机制的作用得到充分发挥，建议将中小学生阅读工作纳入各级地方政府和相关部门的政绩考核体系中。通过各级地方政府和相关职能部门考核内容的调整，使中小学生阅读的重要性和中小

学生阅读工作本身在各地文化建设和发展中的地位显现出来。以政府部门考核作为保障，使中小学阅读工作在中西部贫困地区各级地方政府和职能部门的关注下，能够得到有效的发展。

8.3 对学生主体的扶助策略建议

中小学生是扶助机制落实的核心，各种扶助策略都需要通过学生主体真正参与、发挥其主动性和积极性，才能真正发挥作用，也才能真正实现普惠扶助机制的目的。其实，针对其他主体的各种扶助策略都需要通过对学生主体发挥作用，才能真正落实，而对学生主体直接的扶助策略建议主要在于以下两个方面。

（1）完善评优机制，鼓励中小学生积极参与阅读活动

在前文建议的政府部门建立的中西部贫困地区中小学生阅读活动评优机制中，设立中小学生阅读评优体系，分省市校三级评优工作，从下至上逐级推选，每年评定一定数量的省级、市级、校级“阅读小学士”“阅读小硕士”和“阅读小博士”，给学生以精神鼓励。树立优秀的中小学生阅读典型，对其他学生阅读起到模范带头作用。

（2）记录《阅读手册》，将阅读量与期末测评相结合

通过将阅读量与期末测评相结合，以记录《阅读手册》的形式促进学生阅读，推动学生正确认识课外阅读。在中西部地区，对处于不同年级的中小学生设定一定的阅读量（阅读字数）的要求，在每学期期末，以《阅读手册》的形式上交，以展示每个学生的学期阅读情况。《阅读手册》中一般要有阅读书目推荐，需要学生记录的内容主要包括：阅读的图书名称、阅读时间、阅读字数、阅读体会等。通过一定量的阅读，使学生阅读实现“从量变到质变”，

提高阅读能力。通过《阅读手册》记录的形式，也从一定程度上对学生课外阅读起到规范的作用。

8.4　对学校主体的扶助策略建议

在非节假日的周一至周五，学校是中小学生主要的活动场所，学校与家庭共同分担组织和支持学生阅读的责任。对学校主体来说，促进学生阅读工作主要从形成制度保障、提供阅读资源、组织阅读活动、积极参与优秀阅读机构建设这四个方面展开。因此，对学校主体的扶助策略建议的重点也是在这四个方面。

（1）促进学校形成有关阅读的制度保障

在教育主管部门及其他相关部门的支持下，学校建设有利于阅读的规章制度，从制度层面对学生阅读进行保障。通过制度规定，帮助学生、家长和教师形成对学生阅读的正确认识，形成对学生阅读与学业发展关系的正确认识。

（2）促进学校完善与阅读有关的时间资源、内容资源和人才资源

促进学校完善阅读资源，为学生进行阅读提供必要的时间资源、阅读内容资源和阅读指导人才资源。

第一，在时间资源保障方面，在校内增加专门的阅读时间安排。例如，在晨读语文课文的基础上增加一些经典读物的阅读，定期开展阅读活动，增加学校图书馆开放时间，等等。

第二，在阅读内容资源保障方面，建议政府相关部门资助学校图书馆更新图书，鼓励学校与公共图书馆、出版社、书店等合作，提高阅读内容资源的质量，提高中小学生获得优质阅读资源的可能性。此外，在数字阅读资源

方面，倡导学校通过参与“中西部地区图书馆数字阅读计划”获得资助，通过数字阅读形式丰富学生的阅读体验，引起学生的阅读兴趣；通过数字阅读内容的丰富化来充实学校图书馆的阅读内容。

此外，建立班级间和校际间图书分享平台，以学校推动平台建立的形式规范同学之间交换图书阅读分享的活动，提高学生可获得的阅读内容资源。

第三，在指导阅读的人才资源方面，促进学校积极加入政府部门资助的“本地人员培训”和“外部人才引进”计划中，选拔指导学生阅读的专门教师，培养校内教师，同时也定期邀请校外的专业阅读指导者，为学生提供更完善的阅读指导服务。

（3）鼓励学校在中西部地区统一的阅读品牌下开展多样化的阅读活动

在中西部地区，鼓励学校在统一的学生阅读品牌“书香中西部——含英咀华小少年”范围内，结合学校的实际情况，组织开展多样化的阅读活动来促进学生阅读。

第一，促进学校提高对全民阅读的认识，加大参与“世界读书日”相关活动的力度。在统一的阅读品牌下，在每年4月23日前后，各中小学组织专题阅读活动。

第二，根据“阅读量与期末测评相结合”的要求，在大部分学校采取的“定期读书”的要求的基础上，以各年级学生要求的阅读量为依据，通过学生自我阅读和记录《阅读手册》的形式开展阅读活动。

第三，促进学校举办阅读成果展示等形式提高学生的阅读兴趣和阅读效果。通过学生“定期读书”，对学生读书的成果给予展示。读书成果展示可以是主题演讲、推荐好书或“读者剧场”的形式[①]。无论是哪种形式，都是为了通过互动，将阅读成果转化和展示，提高学生的阅读兴趣和综合能力。

① “读者剧场”是国外学校实施的一种阅读活动形式。通过“读者剧场”形式，学生能够把有趣的阅读材料转化为剧本进行演出。

（4）鼓励学校积极参与中小学生阅读评优活动

政府部门建立“中西部贫困地区中小学生阅读评优机制”，鼓励学校积极参与评优工作。各中小学学校通过建设学生阅读的规章制度，完善那些支持学生阅读的时间资源、内容资源和人才资源，在统一的学生阅读品牌下开展多样化的阅读活动，为参与评优工作进行积累。学校通过参与评优工作促进学生阅读工作的开展，又通过优秀实践争取政府部门的更多资助，获得在学生阅读方面的长期持续发展。

8.5　对家庭主体的扶助策略建议

不管在什么时间，家庭都是学生活动的重要场所。在学习日，学生放学后的大部分时间都是在家庭中度过；在休息日，学生的时间安排也有绝大部分与家庭有关。家庭承担着中小学生阅读的重要责任，家庭阅读氛围对于学生阅读习惯的养成有着重要的作用。对家庭来说，扶助策略建议主要包括以下三个方面。

（1）鼓励中小学生家庭参与全国“书香之家”评选活动

“建设书香中国，核心在于建设书香家庭。”在中西部贫困地区，对于全民阅读的一部分——中小学生阅读，建设书香家庭也是推动学生阅读的一项措施。鼓励中小学生家庭参与全国“书香之家”评选，通过优秀家庭发挥示范作用，在家庭藏书、阅读内容和阅读方法等方面给予其他学生家庭示范。通过参与“书香之家”评选活动，以家庭为单位提升文化素养，以评优促建设，促进中小学生家庭形成良好的阅读氛围。

（2）鼓励中小学生家庭开展亲子阅读活动

亲子阅读以图书为基础，让学生及其家长共同分享阅读过程，是形成良好的家庭阅读氛围的重要措施。亲子阅读不仅存在于幼儿阶段，中小学生仍然需要亲子阅读。即使在一些家长的阅读基础薄弱的情况下，亲子阅读仍然对于塑造家庭阅读氛围有意义。家长对亲子阅读的重视会影响到孩子对阅读的重视，家长参与亲子阅读，也能够与孩子共同成长和进步。鼓励家长们减少担心，积极行动起来。亲子阅读的形式多种多样，在家庭的温馨环境中可以开展亲子阅读；学校、书店、图书馆等组织开展的亲子阅读活动也应积极参与。

（3）鼓励中小学生家庭参与各种文化活动和阅读活动

家庭阅读氛围的培养，一方面受到良好的社会阅读大环境的影响，另一方面，则在于家庭周围的小环境。家庭成员可以通过参加各社区、街道、村镇开展的文化活动，参加学校、图书馆、书店组织的各种文化和阅读活动，促进家庭阅读氛围的形成；还可以充分利用农家书屋、社区书屋、职工书屋等各类阅读设施，充分参与多样化的基层读书活动，形成良好的家庭阅读氛围。

8.6 对图书馆业主体的扶助策略建议

对于图书馆业主体，课题组提出的扶助策略建议如下：第一，加强对中西部基层图书馆的资源倾斜，提高其积极性和活力；第二，积极推进中西部基层图书馆与相关机构的合作，提高其影响力；第三，加强对基层图书馆数字阅读资源的投入，完善信息资源服务；第四，加强流动图书车建设，实现中小学生阅读服务全面覆盖。

8.6.1 加强对中西部基层图书馆的资源倾斜，提高其积极性和活力

中西部地区的一些基层图书馆只维持按部就班的工作，创造性地开展阅读活动的情况较少，开展专门的中小学生阅读活动的情况更少。在开展中小

学生阅读活动的基层图书馆中，也常常出现阅读活动形式单一、创新力不足等问题。因此，应采取措施激发基层图书馆的主动性和积极性，促进图书馆开展多样化的中小学生阅读活动。

建议加强对中西部贫困地区基层图书馆的资源倾斜，包括如下方面。第一，对基层图书馆购买图书及数字资源建设给予经费投入，帮助它们及时更新图书，提高数字资源的可获性和利用率。提高基层图书馆在阅读内容资源方面的优势，增强基层图书馆开展中小学生阅读活动的信心。第二，保障基层图书馆将内容资源建设方面的投入落到实处，在省级部门对地州县考核时，建议有其经费在文化投入中的比例要求。第三，对引进人才、人才培养和激励方面进行资源倾斜。一些中西部贫困地区的基层图书馆都反映其难以吸引和留住人才，此外，图书馆馆员在职称评定中不占优势（图书馆馆员和高校教师划归同组参评），也在一定程度上制约了图书馆人员的积极性。如果能够更好地吸引专业人才、留住优秀人才，将能够提高基层图书馆的积极性和活力，也能更好地推动当地中小学生阅读活动的展开。

8.6.2　积极推进中西部基层图书馆与相关机构的合作，提高其影响力

中西部贫困地区的图书馆在开展中小学阅读活动时，大部分图书馆都处于独自运行的状态，难以聚集文化阅读资源，存在对中小学生的吸引力不足、影响力不够等问题。建议积极推进中西部贫困地区图书馆与相关机构的合作，通过合作促进阅读活动的质量和水平，提高阅读活动对中小学生的吸引力，提升阅读活动的效果。

第一，积极推进中西部贫困地区的基层图书馆与上级图书馆、发达地区的图书馆合作。通过馆馆合作，基层图书馆获得先进的学生阅读活动的组织经验，有利于拓展其针对中小学生的阅读服务思路，促使基层图书馆创造性地开展阅读服务工作。第二，积极推进基层图书馆与文化站、青少年活动中

心等公益性文化单位合作，整合各文化单位的资源，实现阅读资源流动，提高阅读资源的使用率；还可以联合这些文化单位开展主题读书活动，提高中小学生阅读活动的影响力。第三，积极推进基层图书馆与实体书店的合作，针对中小学生开展“你选书、我埋单”的活动，让中小学生参与选书，提高馆藏图书对中小学生的吸引力，进而提高基层图书馆的吸引力和知名度。

8.6.3 资助基层图书馆的数字阅读资源建设，完善信息资源服务

为了实现阅读的公平性和长远性发展目标，对于中西部贫困地区，还应关注基层图书馆中的数字阅读资源提供情况。数字阅读资源内容丰富，能够极大地拓展图书馆向中小学生读者提供的阅读资源内容，提高阅读服务水平。尽管中西部地区的一些图书馆在数字阅读方面还比较落后，但是，从中小学生阅读活动及图书馆自身的长远发展来看，可以有意识地部署相关工作。

建议加强政府部门对基层图书馆在数字阅读资源方面的投入，帮助中西部贫困地区完善信息资源服务，为中小学生阅读创造良好的数字阅读条件。推动基层图书馆加入公共电子阅览室建设计划和全国文化信息资源共享工程网络建设的成果展现。

借鉴国外一些间接促进中小学生阅读的措施，建议政府部门对那些有条件开展电子阅读资源服务的图书馆实施网络接入费用资助，减免其互联网接入资费，提高经费资助的效率和效果。在资助费用的具体操作中，建议设立图书馆评估机制。对那些能够较好地开展中小学生阅读活动——中小学生参与度高、效果好的图书馆优先进行资助。使有需要的中小学生在基层图书馆上网更迅速、更便捷，提高数字阅读资源的规范化和可及性，提高图书馆提供阅读资源的效率和效果。

8.6.4　加强流动图书车建设，实现中小学生阅读服务全面覆盖

流动图书车具有流动性、便捷性的特点，能够深入中西部贫困地区的各个村镇中小学，实现中小学生阅读服务全面覆盖的目标。目前来看，流动图书车在中西部贫困地区的应用效果也较好。但是，一些正在使用的流动图书车在运行过程中存在问题。中西部贫困地区的很多村镇中小学距离县城远，而且位于大山中，存在山路狭窄、弯路多、急弯多的情况，而现在的流动图书车车体较长，制动系统也不太适合山路情况，很容易有危险。流动图书车自身的情况和村镇中小学所处的位置都加大了图书车到偏远中小学的困难。因此，建议加强流动图书车建设。

第一，政府部门向图书馆资助流动图书车时，要考虑山区、偏远地区的特点，提供的流动图书车符合当地使用的特点，能更好地为当地中小学生阅读服务。第二，提高流动图书车的使用效率，定期使用流动图书车深入当地村镇中小学，提供“送书到校”服务，为偏远地区中小学生提供全面的阅读服务，实现中小学生阅读服务的全覆盖。

8.7　对出版业主体的扶助策略建议

对于出版业主体，包括出版企业、新华书店、民营书店等，课题组提出的扶助策略建议如下：第一，以出版业为主体保障学生的基本阅读需求，规范阅读行为；第二，完善中小学生出版物分级推荐机制，鼓励出版企业和书店等广泛参与；第三，鼓励实体书店开展亲子阅读活动，创造良好的家庭阅读氛围；第四，鼓励实体书店创造性地开展多种学生阅读活动，吸引学生参

与；第五，加强实体书店与其他相关组织的合作，展现其阅读服务功能；第六，完善中西部地区农家书屋建设，使中小学生阅读服务更全面。

8.7.1 以出版业为主体保障学生的基本阅读需求，规范阅读行为

中小学生有阅读的基本需求，是全民阅读中重点关注的群体之一。中小学生在学习和成长的阶段，通过阅读提高认知能力、理解能力，提高信息获取能力，而这些能力的培养对于学生学习新知识、提高自身的综合素养有着重要的促进作用。在中西部贫困地区，一些中小学生面临作业较多、阅读内容资源不足、家庭阅读氛围不足、阅读基础薄弱、缺乏阅读指导、阅读行为不够规范等问题，在阅读兴趣和阅读能力培养等方面存在较大的需求。

建议以出版业为主体来保障学生的阅读权利，满足中小学生的基本阅读需求，同时采取措施规范中小学生的阅读行为。

第一，在中西部贫困地区建立和完善中小学生出版物捐助渠道，以省级和市级新华书店为依托，在六一儿童节、暑假和寒假期间分别开展中小学生图书捐赠活动。捐赠者包括社会组织和个人，捐赠内容是适合中小学生阅读的图书。捐赠方式可以灵活多样，新华书店可以结合当地情况和自身实际、创造性地开展捐赠活动。例如，可以采取“赠书换购”活动，捐赠者每捐一本书，可以获得新华书店门店发放的一张固定面值的购书券，该购书券可以在该店购书时使用。社会捐赠的图书由新华书店在中西部地区省市内统一协调，赠送给贫困县的中小学学校图书馆或公共图书馆。另外，捐赠活动依托于中西部地区统一的阅读品牌活动，扩大影响面，吸引更多的社会组织和个人参与。

第二，直接资助中西部贫困地区的中小学生阅读，以新华书店为平台，向中小学生发放购书券，开展“领券购书”活动。该活动可以在每年的“世界读书日”开展，持续2—3天。活动期间，新华书店对来到门店的中小学生

进行登记，发放一定面值的购书券，使学生能够在活动期间用券购书。增加学生及家长对“世界读书日”和全民阅读的了解，提高民众对中小学生阅读重要性的认知，从观念和氛围塑造方面为中小学生阅读创造良好的条件。

第三，新华书店开展“赠书换购”活动和“领券购书”活动时，政府相关部门都以阅读项目资助的形式给予资金支持。有实力的民营实体书店也可以参与进来。需要项目资助的书店都要事先申请，经批准后才能获得资助。这些活动一般都不单独进行，通常作为书店开展的某些阅读活动的组成部分，其资助也纳入政府部门的阅读资助中，同时与评优机制结合起来，获评优秀的书店优先获得资助。

第四，以出版企业和实体书店为主体，在与中小学生互动的形式上不断创新，在一定程度上起到阅读指导的作用。建议出版企业（尤其是少儿出版社）在中西部贫困地区（如贫困县的新华书店）销售的图书封底统一粘贴印有出版企业微信公众号的二维码；实体书店也是类似的做法，新华书店或有实力的民营书店在店内醒目位置张贴其微信公众号的二维码。中小学生（主要是中学生）通过扫码关注，能够经常看到公众号发布的文章，一些文章中也有关于阅读指导的内容，通过微信客服也可以进行一些咨询。通过这种形式，在一定程度上也能减少学生盲目使用手机阅读的情况，起到规范阅读的作用。

8.7.2　完善中小学生出版物分级推荐机制，鼓励出版企业和书店等广泛参与

在中西部贫困地区，很多中小学生对应该阅读什么图书感到迷茫，家庭的阅读氛围不浓，家长难以对学生的图书阅读进行推荐；学校语文老师能够进行推荐，但图书推荐还未能完全满足学生的需求。建议政府相关部门形成和完善中小学生出版物推荐机制，针对中小学生群体进行优秀出版物推荐。由于中小学生的年龄跨度大，每个成长阶段都有其自身的阅读能力要求和阅

读主体特点，因此，建议分阶段进行出版物推荐，形成中小学生出版物分级推荐机制，更具有指导阅读的针对性。

第一，鼓励优秀出版企业，激励其发挥引领作用和示范作用，针对各阶段中小学生的阅读需求和特点策划和出版图书，为中西部地区中小学生阅读提供优秀的阅读内容资源。

第二，完善中小学生出版物分级推荐机制。在推荐时综合考虑出版题材和内容的价值导向、相关专家的意见、读者口碑、内容及印装质量等方面。在“向全国青少年推荐百种优秀出版物”“中华优秀传统文化普及图书”“优秀少儿报刊”推荐工作的基础上，向中西部贫困地区的中小学生推荐适合各阶段学生的出版物。面向学生推荐图书时，还可以在统一阅读品牌下设立卡通形象代言人，吸引中小学生。

第三，加强优秀出版物推荐的宣传工作。一方面，通过电视广播等传统媒体和网络等新媒体传播面对各阶段中小学生的优秀出版物信息；另一方面，出版企业与图书馆、书店合作，充分利用实体空间向中小学生、家长及其他社会公众展示优秀出版物。

8.7.3 鼓励实体书店开展亲子阅读活动，创造良好的家庭阅读氛围

在中西部贫困地区，家庭阅读氛围不佳是一个突出问题。一方面，表现在部分家长对孩子的阅读活动不关注或很少关注，孩子和家长之间不谈论或很少谈论与图书、阅读相关的话题。另一方面，一些家长自身的文化水平不高，阅读基础也较为薄弱，在孩子的阅读方面，家长即使有心指导却缺少指导的能力；甚至还有一些家长自己缺乏阅读的兴趣，在家里很少读书或完全不读书，家长在“言传身教”方面没有起到积极的作用。因此，有必要鼓励亲子阅读活动的开展，促进家庭阅读氛围的构建。

第一，在中西部贫困地区，以新华书店为平台，开展“小手拉大手”亲

子阅读活动。该活动可以由新华书店独立开展，也可以由新华书店和学校合作开展；民营实体书店根据自身意愿也可以参与。在“小手拉大手”亲子阅读活动中，通过学生阅读带动家长阅读，改善中西部贫困地区家长中存在的文化水平较低、阅读基础薄弱的问题，形成良好的家庭阅读氛围；再通过家庭阅读氛围影响学生，形成良好的阅读能力提升循环，实现促进中小学生阅读的目的。

第二，鼓励有条件的实体书店开展更多类型的、内容丰富的亲子阅读活动。通过开展“亲子诵读经典”“亲子阅读+”（包括亲子阅读+绘画、亲子阅读+表演等形式）等形式，传递科学的家庭教育理念，营造良好的家庭阅读氛围，充分发挥家庭在中小学生阅读中的作用，促进中小学生提高综合素质和文化修养。

8.7.4　鼓励实体书店创造性地开展多种学生阅读活动，吸引学生参与

在中西部贫困地区，中小学生在获取图书这种阅读资源时，购买图书是最重要的一种途径，新华书店和民营书店等在中小学生接触图书、获取图书方面起到重要的作用。因此，鼓励实体书店继续展现其在中小学生获取图书中的便捷性特点，鼓励实体书店创造性地开展学生阅读活动，吸引学生参与，提高学生阅读的兴趣，创造学生阅读的条件。

第一，鼓励实体书店围绕党和国家的重大节庆活动，围绕世界读书日、六一儿童节等重要时点，开展内容丰富、形式多样的中小学生主题阅读活动。参与学生阅读活动的实体书店被纳入扶助范畴，每年初制订年度学生阅读活动组织计划。

第二，鼓励以实体书店为主体，结合当地实际情况，组织读书周、读书月等活动。在组织这些活动时，一方面，可以在中西部地区的阅读品牌下开展活动，提高活动的吸引力和影响力；另一方面，可以与学校联合组织活动，

活动地点也不局限于一店一校，整合书店和学校的资源，提高活动的效率和效果。

第三，鼓励实体书店不断创新，组织面向中小学生的多样化活动，如主题演讲、经典诵读、读书征文、知识竞赛等活动。还可以通过邀请儿童文学作家、阅读推广人等举办讲座、评书荐书、作者签售等活动，吸引学生及家长，提高学生的参与度。

8.7.5 加强实体书店与其他相关组织的合作，展现其阅读服务功能

中小学生阅读是社会文化传承和进步的一种实现方式，实体书店是中小学生获取阅读资源的一种途径，也是文化服务、阅读服务的主体，处于阅读推广的实践前沿。在中西部贫困地区，加强实体书店与其他相关组织的合作，更充分地展现其阅读服务功能。

第一，积极推进中西部贫困地区的新华书店与上级新华书店、发达地区的新华书店合作；积极推进中西部贫困地区的优秀民营实体书店与发达地区的优秀民营实体书店合作。通过书店间的合作，学习北京、上海、深圳等发达地区实体书店在中小学生阅读方面的先进经验，引进有效的、适合当地情况的阅读活动组织形式，提高实体书店在学生阅读方面的服务能力和服务水平。如果条件允许的话，建议实行“一对一”书店间扶助措施，一家阅读服务发达地区的实体书店扶助一家中西部贫困地区的书店，通过培训学习、人员挂职等形式提高扶助效果。

第二，积极推进实体书店与当地图书馆的合作，提高“你选书、我埋单”的活动效果，提高图书对中小学生的吸引力，提高学生的阅读兴趣，满足学生的阅读需求。

第三，积极推进实体书店与其他社会组织或个人合作，整合社会资源，提高阅读活动的效率和效果。以实体书店为主体，邀请儿童阅读推广机构、读书会等机构和热心中小学生阅读的儿童作家、文化名家等个人，使他们参与到实体书店开展的学生阅读活动中来，为中西部贫困地区的中小学生提供阅读指导和其他阅读服务。

8.7.6　完善中西部地区农家书屋建设，使中小学生阅读服务更全面

在中西部贫困地区，对偏远村镇的中小学生提供阅读服务存在更多的困难，中小学生能够接触到的阅读服务有限。建议充分利用现有资源，完善中西部地区的农家书屋建设，提高中小学生阅读服务的全面性。

第一，完善农家书屋服务设施建设，使农家书屋在提供中小学生阅读服务时更加规范化、标准化，提高农家书屋的利用率。使农家书屋成为中小学生阅读服务提供机构的重要组成部分，使阅读服务更完整、更全面。

第二，完善农家书屋的出版物补充机制，定时定量补充或更换图书，提高其中的中小学生图书比例，更好地满足中西部贫困地区农村的中小学生在阅读方面的需求。

第三，完善农家书屋管理员队伍，对管理员进行定期培训，提高管理员的专业程度和服务水平，充分发挥农家书屋作为农村中小学生阅读服务主阵地的作用。

第四，加强对农家书屋的宣传，使农村中小学生和家长对当地农家书屋的基本情况（如工作时间等）、图书种类、阅读服务（如借阅数量、借阅时间等）有所了解，提高中小学生对农家书屋阅读服务的使用率。

8.8 对其他社会组织主体的扶助策略建议

对于其他社会组织主体，课题组提出的扶助策略建议如下：第一，倡导社会组织参与阅读推广工作，为中西部贫困地区提供中小学生阅读指导服务；第二，倡导学生培训、娱乐和医疗保健服务组织参与“书吧”活动，全方位开展阅读服务；第三，倡导媒体和商业企业参与宣传及资助工作，为中小学生阅读服务积极地创造支持条件。

8.8.1 倡导阅读推广机构等参与阅读指导工作，提供中小学生阅读指导服务

在中西部贫困地区推动中小学生阅读，需要全社会力量的积极参与，其中，提供学生阅读指导的专业人才资源是重要的社会力量之一。倡导全国各地的阅读推广机构、亲子阅读机构、相关阅读组织、民间读书会等机构，以及著名儿童作家、相关领域的学者以及其他关心中小学生阅读的社会人士，把目光更多地投向中西部贫困地区，开展阅读推广工作，为有需要的中小学生提供阅读指导。在提供阅读指导时，可以有不同的形式和侧重点。

第一，阅读推广机构等社会组织可以定位于不同年龄阶段的中小学生，针对目标读者的特点，分别开展适合的阅读活动。第二，阅读推广机构等社会组织可以定期开展阅读活动。例如，在世界读书日期间、暑期或六一儿童节期间开展丰富的中小学生阅读活动，指导中小学生有效阅读，帮助学生养成良好的阅读习惯，提高阅读能力。第三，阅读推广机构等社会组织可以独立开展阅读活动，也可以合作开展活动。一方面，可以通过与学校合作，定期安排专业人员到校内进行阅读指导；另一方面，可以通过与图书馆、书店

等合作，共同组织阅读活动，提高活动内容的丰富性和专业性。

8.8.2 倡导学生培训、娱乐、医疗组织参与“书吧”活动，全方位开展阅读服务

课题组从调研中发现的“网吧内建书吧”实践中获得启发，贵州省道真县的图书馆可以在青年人经常活动的场所提供“无孔不入”的图书阅读服务，那么，对中小学生也可以采取类似的措施，在各种中小学生可及之处建立“书吧”。课题组称之为“书吧”活动，即所有愿意参与的社会组织都可以在其服务场所内开辟出一块空间作为“书吧”，使图书阅读服务能够在中小学生的各种活动场所“如影随形”，使中小学生的阅读能够在其所到之处随处可见，触手可及。

根据中小学生的生活轨迹，中小学生在周六日或节假日经常会到课外培训机构接受培训，如英语学习类培训、声乐类培训、舞蹈培训等。倡导面向中小学生的培训机构参与中小学生“书吧”建设，使中小学生在等待培训上课的时间，以及培训中间较长的休息时间，能够有书读，充实等待或休息时间。

中小学生在周六日或节假日还经常会到一些休闲游玩场所进行娱乐活动，如公园、游乐场、滑冰场、电影院、儿童剧院……倡导面向中小学生的休闲娱乐机构参与中小学生“书吧”建设，使中小学生在游玩的时候也能随处找到图书，能够随时阅读。

除了培训机构、休闲娱乐机构以外，在中小学生的生活轨迹中，还有一类社会机构是医疗保健组织，如儿童医院、儿童预防保健机构、妇幼保健机构、社区乡镇诊所等。倡导那些向中小学生提供医疗保健服务的社会组织也参与中小学生“书吧”建设，使中小学生在等待接种预防针、在身体不适等待医生诊疗的时候也能随处拿到图书阅读。其实，书店就有在医院开设图书阅读及销售服务的尝试。例如，晓风书屋与浙江省人民医院合作开设的晓

风书屋分店就是如此。在中西部地区，为中小学生提供阅读服务，也可以尝试这样的形式。

在中西部贫困地区，社会各类相关组织参与“书吧”活动时，以相关组织自愿申请和政府相关部门资助相结合的形式，实现全方位的中小学生阅读扶助。

8.8.3 倡导媒体和商业企业参与宣传及资助工作，创造阅读服务支持条件

除了为中小学生提供专业的阅读指导，社会组织还可以通过提供宣传服务和经济资助，为中西部地区的中小学生阅读创造良好的阅读服务条件。第一，倡导传媒机构参与中西部地区的学生阅读活动，发挥中央和地方媒体、传统媒体和新媒体各自的优势，使相关阅读活动的宣传既具有权威性、全面性，又具有新颖性。希望在对中西部地区中小学阅读的报道中，既有对阅读品牌、阅读计划项目整体的报道，又有对各基层单位独立或联合举办优质阅读活动的特别报道。增加媒体宣传的广度和强度，提高社会的认知度，提高中西部贫困地区阅读品牌及各项活动的影响力。第二，鼓励商业机构和企业组织为中西部地区的中小学阅读活动进行资助，为阅读活动开展提供必要的资金支持。不管是哪一类商业企业，社会效益都应在其经营管理和长期发展目标中占有一定的位置；参与中小学阅读活动，给予经济资助，也是实现企业社会效益的一种形式。

附录1

访谈提纲

访谈提纲包括六种类型，分别针对不同的访谈对象，包括政府相关部门人员、图书馆人员、书店人员、中小学学生、中小学教师、中小学家长。

附录 1.1　访谈提纲一（政府部门）

新闻出版广电局或者教育局（省市县级都可以）

（1）请您介绍一下本地区中小学生阅读情况，并做一个简单的评价。

（2）您认为影响本地中小学生阅读的因素主要有哪些？

（3）目前，本地推动中小学生阅读的政策措施有哪些？效果如何？

（4）为了促进阅读，您认为还应出台哪些政策措施？

附录 1.2　访谈提纲二（教师）

（1）请您介绍一下本校或本班级学生课外阅读的基本情况。

（2）目前，学生课外阅读有哪些问题？

（3）在最近一年中，学校举办的促进学生阅读的活动有哪些？效果如何？

（4）在促进学生阅读的活动中，有没有需要家长参与的活动？请谈一谈。

（5）请介绍一下学校图书馆的情况。

提示：是图书馆，还是阅览室、图书角；多长时间购置新书；开放时间；学生借阅情况；图书购置经费；等等。

（6）学校的阅读活动或图书馆建设，有没有获得政府相关部门、社会团体或个人支持？情况如何？

（7）您了解哪些促进学生阅读的政策措施？

（8）要想让学生爱阅读、多阅读，您认为政府部门应该怎样做？

（9）要想让学生爱阅读、多阅读，您认为学校、家庭、社会应该做什么？

附录 1.3　访谈提纲三（家长）

小学生家长（　　）　　初中生家长（　　）　　高中生家长（　　）

（1）请您介绍一下您孩子近一年来的课外阅读情况。

（2）请您对孩子的课外阅读情况评价一下。您支持孩子的课外阅读吗？

（3）你最近有没有陪孩子阅读？一般在哪里一起阅读？有没有和孩子一起参加阅读活动，请简单介绍一下。

（4）您有没有陪孩子一起去过书店、图书馆？本地的阅读环境便利吗？

（5）在孩子课外阅读方面，您大概一年投入多少钱？

（6）您自己爱读书吗？一年大概读几本？都是哪些方面的书？

（7）您听说过有哪些推动中小学生阅读的政策措施吗？

（8）要想让学生爱阅读、多阅读，您认为政府部门应该怎样做？

（9）要想让学生爱阅读、多阅读，您认为学校、家庭、社会应该做什么？

附录 1.4　访谈提纲四（图书馆）

（1）请您介绍一下图书馆的基本情况。

提示：有无少儿馆的情况、开放时间、中小学生借阅情况等。

（2）请您介绍一下图书馆的图书情况。

提示：数量、类别、每年更新次数、图书购置经费等。

（3）请您介绍一下图书馆近年来举办的促进中小学生阅读的活动。此外，这些活动中，有没有需要家长参与的？

（4）中小学生阅读活动有没有获得政府相关部门、社会团体或个人支持？情况如何？

（5）中小学生阅读活动有没有合作者？合作者有哪些？

提示：比如和学校合作等。

（6）您觉得目前中小学学生课外阅读有哪些问题？

（7）您了解哪些促进学生阅读的政策措施？

（8）要想让学生爱阅读、多阅读，您认为政府部门应该怎样做？

（9）要想让学生爱阅读、多阅读，您认为学校、家庭、社会应该做什么？

附录 1.5　访谈提纲五（书店）

（1）请您介绍一下中小学生来书店的基本情况。

提示：中小学生在店内看书，中小学生购书类型，销量，等等。

（2）请您介绍一下本店近年来举办的促进中小学生阅读的活动。此外，这些活动中，有没有需要家长参与的？

（3）书店的中小学生阅读活动有没有获得政府相关部门、社会团体或个人支持？情况如何？

（4）书店举办的中小学生阅读活动有没有合作者？合作者有哪些？

提示：比如和图书馆、学校合作等。

（5）您觉得目前中小学生课外阅读有哪些问题？

（6）您了解哪些促进学生阅读的政策措施吗？

（7）要想让学生爱阅读、多阅读，您认为政府部门应该怎样做？

（8）要想让学生爱阅读、多阅读，您认为学校、家庭、社会应该做什么？

附录 1.6　访谈提纲六（学生）

小学生（　　）　　初中生（　　）　　高中生（　　）

（1）你有多少本课外书？都是什么类型的？你一年大概读多少本课外书？

（2）除了购买图书以外，你的课外书来自哪里？

（3）你读报纸吗？是哪种报纸？你读期刊吗？是哪种期刊？

（4）你每天大约用多长时间读课外书、报纸和期刊？

（5）除了纸质的图书、报纸、期刊，你还有其他的阅读形式吗（如用电脑上网阅读、手机阅读）？阅读内容是什么（如学习资料、新闻、小说……）？每天的阅读时间大约是多少？阅读花钱吗？大约是多少？

（6）请介绍一下你平时去书店、图书馆的情况。

（7）在家里，家长会和你一起读课外书吗？会讨论图书内容吗？家长在家读书吗？

（8）读哪些课外书，你是怎样选择的？有谁指导吗？

（9）你参加过阅读活动吗？请简单介绍一下。（比如读书比赛等）

（10）有时，学生课外阅读少，你觉得原因是什么呢？

（11）你觉得，怎样才能让你爱读书、多读书呢？

附录2

调查问卷

调查问卷包括三种类型，分别针对的是中小学学生、中小学学生家长和中小学教师。

附录 2.1　中西部地区中小学阅读情况调查问卷（学生）

亲爱的学生朋友：

您好！本问卷是国家新闻出版广电总局“中西部贫困地区中小学阅读扶助机制研究”调查的一部分，旨在了解中西部地区中小学阅读的相关情况，希望您根据所了解的情况给出答案。衷心感谢您对本次调查的大力支持，谢谢合作！

“中西部贫困地区中小学阅读扶助机制研究”课题组

说明：请在（　　）中填入您认为适当的选项前的字母。

1. 你的课外书有多少本？（　　）（单选题）

A. 少于 5 本　　B. 5—20 本　　C. 21—50 本　　D. 51—80 本

E. 多于 80 本

2. 你一年大约读多少本课外书？（　　）（单选题）

A. 0　　B. 1—3 本　　C. 4—6 本　　D. 7—9 本

E. 9—12 本

F. 多于 12 本

3. 你阅读的课外书有哪些类型？（　　）（单选或多选）

A. 故事　　B. 科普读物　　C. 动画或漫画　　D. 小说

E. 文学名著　　F. 休闲杂志　　G. 其他（请写出）________

4. 除了购买课外书，你读的课外书来源还有（　　）。（单选或多选）

A. 学校图书馆借书　　B. 县城图书馆（或农家书屋）借书

C. 在书店阅读　　D. 从书店借书　　E. 向同学借书或换书

F. 不读课外书　　G. 其他（请写出）______________

5．课外阅读时，你通常选择（　　）。（单选或多选）

A. 图书　　B. 报纸　　C. 期刊

D. 数字阅读（手机、网络等）　　E. 前面几种都不读

6．数字阅读时，你通常选择（　　）。（单选或多选）

A. 用电脑上网看　B. 用手机看　C. 用光盘看　D. 用平板电脑看

E. 前面几种都不用

7. 你每周进行课外阅读（包括纸质图书阅读和数字阅读）的时间有多少？（　　）（单选题）

A. 少于 1 小时　　B. 1—3 小时　　C. 3—5 小时　　D. 5—7 小时

E. 7 小时以上

8．每周课外阅读时，除了纸质图书，你在其他阅读上用多少时间？（　　）（单选题）

A. 少于 1 小时　　B. 1—3 小时　　C. 3—5 小时　　D. 5—7 小时

E. 7 小时以上

9．你用电脑上网阅读或者手机阅读，一年的花费大约是多少？（　　）（单选题）

A. 0　　B. 1—10 元　　C. 11—20 元　　D. 21—30 元

E. 30 元以上

10．你平均每个月去书店几次？（　　）（单选题）

A. 没去过　　B. 1 次　　C. 2—3 次　　D. 4—6 次

E. 7 次及以上

11．你平均每个月去图书馆几次？（　　）（单选题）

A. 没去过　　B. 1 次　　C. 2—3 次　　D. 4—6 次

E. 7 次及以上

12. 你和家长一起读书或讨论图书内容，平均每个星期几次？（　　）（单选题）

A. 无　　B. 1 次　　C. 2—3 次　　D. 4—6 次

E. 7 次及以上

13. 最近一年，你参加过几次与阅读有关的活动？（　　）（单选题）

A. 无　　B. 1 次　　C. 2—3 次　　D. 4—6 次

E. 7 次及以上

14. 你参加的阅读活动是哪里组织的？（　　）（单选或多选）

A. 没参加过　　B. 学校　　C. 图书馆　　D. 书店

E. 社区或村镇　　F. 其他（请写出）__________

15. 你读课外书的时间够吗？（　　）（单选题）

A. 没有时间　　B. 只有放假才有时间　　C. 有一些时间

D. 有充足的时间

（15 题答案是 D 的同学，请直接答 17 题。）

16. 如果课外阅读时间不充足，原因是什么？（　　）（单选或多选）

A. 作业太多　　B. 家务活多　　C. 课外班多　　D. 玩游戏的时间多

E. 家长对读课外书的时间有限制　　F. 其他（请写出）__________

17. 根据你看到的情况，家长在家里读书吗？（　　）（单选题）

A. 读书　　B. 不读书

18. 你每年从学校图书馆（或图书室、图书角）借阅多少本课外书？（　　）（单选题）

A. 0　　B. 1—3 本　　C. 4—6 本　　D. 7—9 本

E. 9—12 本　　F. 多于 12 本

19. 你周围的大部分同学喜欢读书吗？（　　）（单选题）

A. 喜欢　　B. 一般　　C. 不喜欢　　D. 不知道

20．选择读什么课外书，你会问谁？（　　）（单选或多选）

A. 老师　　B. 家长　　C. 同学　　D. 我自己决定

E. 其他人（请写出）____________

21．你为什么进行课外阅读？（　　）（单选或多选）

A. 增长知识　　B. 了解时事　　C. 听从老师或家长的要求

D. 自己有兴趣　　E. 调节学习或生活的压力

F. 休闲消遣，打发时间　　G. 其他（请写出）____________

22．下列描述中，哪些给你的课外阅读带来困难？（　　）（单选或多选）

A. 自己的阅读基础不足　　B. 自己对阅读没兴趣

C. 找不到喜欢阅读的书　　D. 家长不支持我读课外书

E. 学校或老师不支持我读课外书　　F. 家长很难指导我阅读

G. 我没有时间读课外书　　H. 没有问题

I. 其他困难（请写出）____________

23．下列获取图书的情况中，哪种符合你身边的实际情况？（　　）（单选或多选）

A. 买书很方便　　B. 学校图书馆开门时间长

C. 学校图书馆图书多　　D. 到区县图书馆（农家书屋）很方便

E. 到区县图书馆（农家书屋）能找到适合的书

F. 学校或班级组织同学之间借书或换书的活动

G. 以上情况都没有

24．下列哪种情况让你喜欢阅读？（　　）（单选或多选）

A. 学校或班级开展阅读活动　　B. 看书遇到问题能很快找到人问

C. 有人能告诉我应该读哪些好的课外书

D. 可以用电脑上网阅读　　E. 可以用手机阅读

F. 家长经常读书　　G. 周围的大部分同学都在读书

H. 其他（请写出）____________

25．你是（　　）。

A. 小学生　　B. 初中生　　C. 高中生（　　）

问卷到此结束。再次感谢您的支持！

附录 2.2　中西部地区中小学阅读情况调查问卷（家长）

尊敬的学生家长：

您好！本问卷是国家新闻出版广电总局课题“中西部贫困地区中小学阅读扶助机制研究”调查的一部分，旨在了解中西部地区中小学阅读的相关情况，希望您根据所了解的情况给出答案。衷心感谢您对本次调查的大力支持，谢谢合作！

“中西部贫困地区中小学阅读扶助机制研究”课题组

说明：请在（　　）中填入您认为适当的选项前的字母。

1．您在一年中和孩子一起去书店几次？（　　）（单选题）

A. 没去过　　B. 1—2 次　　C. 3—5 次　　D. 6—8 次

E. 9 次及以上

2．给孩子购买课外书，您平均一年花费多少？（　　）（单选题）

A. 0—50 元　　B. 51—200 元　　C. 201—300 元　　D. 301—500 元

E. 500 元以上

3．您在一年中和孩子一起去图书馆几次？（　　）（单选题）

A. 没去过　　B. 1—2 次　　C. 3—5 次　　D. 6—8 次

E. 9 次及以上

4．您和孩子一起读书或讨论图书内容，平均每星期几次？（　　）（单选题）

A. 无　　B. 1 次　　C. 2—3 次　　D. 4—6 次

E. 7 次及以上

5．您自己一年大约读几本纸质书？（　　）（单选题）

A. 0　　B. 1—3 本　　C. 4—5 本　　D. 6—8 本

E. 9 本及以上

6．最近一年中，关于孩子阅读或孩子阅读指导的活动，您参加过几次？（　　）（单选题）

A. 0　　B. 1 次　　C. 2—3 次　　D. 4—6 次

E. 7 次及以上

7．您参加的关于孩子阅读或孩子阅读指导的活动，是哪里组织的？（　　）（单选或多选）

A. 没参加过　　B. 学校　　C. 图书馆　　D. 书店

E. 社区或村镇　　F. 其他（请写出）______________

8．您对孩子阅读课外书的看法是（　　）（单选题）

A. 很必要，必须重视和加强　　B. 无所谓，重要的是学好几门功课

C. 影响学习，不主张

9．下列描述，会给孩子课外阅读带来困难的有（　　）。（单选或多选）

A. 孩子功课多，没时间读课外书

B. 孩子没有兴趣，或者一开始兴趣高，后来就扔在一边不读了

C. 家长不知道怎样辅导孩子阅读

D. 家长在家里阅读少　　E. 书太贵了　　F. 买书不方便

G. 借书不方便　　H. 不知道读哪些书好

I. 老师或家长不要求，孩子就不读　　J. 缺少阅读氛围　　K. 其他（请写出）

____

10．您认为，下列哪种情况对孩子提高阅读兴趣有帮助？（　　）（单选或多选）

A. 学校开展读书活动　　B. 孩子想看书就能借到

C. 孩子看书遇到问题能很快找到人问

D. 有人能告诉家长和孩子应该读哪些好的课外书

E. 可以用电脑上网阅读　F. 可以用手机阅读

G. 家长经常读书

H. 周围的大部分同学都在读书　　I. 其他（请写出）______________

11．您是（　　）。

A. 小学生家长　B. 初中生家长　C. 高中生家长

问卷到此结束。再次感谢您的支持！

附录 2.3　中西部地区中小学阅读情况调查问卷（教师）

尊敬的老师：

您好！本问卷是国家新闻出版广电总局课题“中西部贫困地区中小学阅读扶助机制研究”调查的一部分，旨在了解中西部地区中小学阅读的相关情况，希望您根据所了解的情况作答。衷心感谢您的大力支持，谢谢合作！

“中西部贫困地区中小学阅读扶助机制研究”课题组

说明：请在（　　）中填入您认为适当的选项前的字母。

1. 在最近一年中，学校举办的促进学生阅读的活动有哪些？（　　）（单选或多选）

A. 要求学生定期读几本书

B. 结合 4 月 23 日世界读书日举办阅读活动

C. 邀请作家或阅读推广人做讲座

D. 开展阅读相关比赛 E. 其他（请写出）____________

2. 在促进学生阅读的活动中，有要求家长参与的活动吗？（　　）（单选题）

A. 有　　　　B. 没有

3. 学校提供的图书阅读设施是哪一种？（　　）（单选题）

A. 学校图书馆　　B. 学校图书角　C. 没有专门的图书馆或图书角

D. 其他（请写出）_____

4. 学校图书馆（或其他图书阅读设施）开放时间如何？（　　）（单选题）

A. 学生上学时间全天开放　　　　B. 学生上学时间每天定时开放

C. 不定时开放　　D. 没有该设施　　E. 其他（请写出）_______

5. 这些阅读相关活动对学生的作用有哪些？（　　）（单选或多选）

A. 提高阅读能力　B. 增加阅读兴趣　C. 拓展知识

D. 使课余生活充实　　　　E. 有助于解决生活中的难题

F. 其他（请写出）____________

6. 学校的图书馆建设及阅读活动的开展获得了哪些支持？（　　）（单选或多选）

A. 政府相关部门的财政支持　　　　B. 社会公益组织及个人捐赠

C. 公共图书馆合作　　　　D. 其他（请写出）____________

7. 您对学生阅读课外书的看法是（　　）。（单选题）

A. 很必要，必须重视和加强　　　　B. 无所谓，重要的是学好几门功课

C. 影响学习，不主张

8. 关于学生课外阅读情况，您认为有哪些困难？（　　）（单选或多选）

A. 课外阅读时间不够

B. 学生没有兴趣，或者一开始兴趣高，后来就扔在一边不读了

C. 家长不知道怎样辅导孩子阅读

D. 家长在家里阅读少　　　　　　E. 书价格贵

F. 买书不方便　　G. 借书不方便　　H. 不知道读哪些书好

I. 老师或家长不要求，学生就不读

J. 缺少阅读氛围　K. 其他（请写出）____________

9. 您认为，下列哪种情况对孩子提高阅读兴趣有帮助？（　　）（单选或多选）

A. 学校开展读书活动　　　　　　B. 学生想看书就能借到

C. 学生看书遇到问题能很快找到人问

D. 教师能告诉家长和学生应该读哪些好的课外书

E. 专门的阅读推荐人进行好书推荐

F. 可以用电脑上网阅读　　　　　G. 可以用手机阅读

H. 家长经常读书　　　　　　　　I. 良好的班级读书氛围

J. 其他（请写出）____________

10. 您是（　　）。

A. 小学教师　　B. 初中教师　　C. 高中教师

问卷到此结束。再次感谢您的支持！

参考文献

[1] Bayard M. State Efforts to Promote Reading & Literacy Activities in Communities[EB/OL]. National Governors Association (NGA) Best Practices Issue Brief. http://www.nga.org/Files/pdf/0602STATEREADING.pdf, 2014-09-03.

[2] Bhatt R. The Impact of Public Library Use on Reading, Television, and Academic Outcomes[J]. Journal of Urban Economics, 2010, 68(2): 148-166.

[3] Elizabeth M., David L. The Role of a School Library in a School's Reading Program[J]. Teacher Librarian, 2009, 37(1): 8-14.

[4] Goodman K. Reading: a Psycholinguistic Guessing Game[J].Journal of the Reading Specialist, 1967(6): 126-135.

[5] Gough P. B. One Second of Reading[M]. Cambridge, MA: MIT Press, 1972.

[6] Kelly, G., Mulgan G., Muers S. Creating Public Value: An Analytical Framework for Public Service Reform [M].United Kingdom: Cabinet Office Strategy Unit, 2002.

[7] Kiili C., Laurinen L., Marttunen, M., and Leu D. J. Working on Understanding During Collaborative Online Reading［J］. Journal of Literacy Research, 2012, 44(4).

[8] Leu D. J., Forzani, E., Rhoads C., Maykel C., Kennedy C., Timbrell N. The New Literacies of Online Research and Comprehension: Rethinking the Reading Achievement Gap. Reading Research Quarterly, 2015, 50(1): 37-59.

[9] Leu D.J., McVerry J. G., O’Byrne W. I., Kiili C., Zawilinski L., Cacopardo H. E., Kennedy C., and Forzani E. The New Literacies of Online Reading Comprehension：Expanding the Literacy and Learning Curriculum [J]. Journal of Adolescent & Adult Literacy, 2011, 55(1).

[10] Lips D. Focus on Education Policy: The Next Chapter in the Tragic History of Federal Education Policy[J]. The Georgetown Journal of Law & Public Policy，2008(6):27-31.

[11] Qayyum M. A. Capturing the Online Academic Reading Process [J]. Information Processing and Management, 2008, 44(2): 581-595.

[12] Quinn S. Reading Rewards: the Evolution of a Train the Trainer Course for Public Library

Reader Advisers[J]. Australasian Public Libraries and Information Services, 2008, 21(2): 44-56.

[13] Rumelhart, D. E. Toward an Interactive Model of Reading[A]. In Dornic S. (ed.), Attention and Performance IV [C]. Hillsdale, NJ: Eribaum, 1977.

[14] Simsova S. Joy, not Duty: Reading and Libraries[J]. Australasian Public Libraries and Information Services, 2008, 21(3): 109-114.

[15] 陈昌盛，蔡跃洲．中国政府公共服务：基本价值取向与综合绩效评估 [J]．财政研究，2007（6）：20-24.

[16] 陈晓梅．阅读推广人专业能力构建的理论探讨 [J]．兰台世界，2015（35）：125-126.

[17] 陈秀莲．图书馆与青少年绿色阅读 [J]．图书馆论坛，2008（4）：121-123.

[18] 程瑞．对国外青少年在线阅读研究的综述 [J]．中国青年研究，2016（3）：114-119，113.

[19] 杜燕．北京高校图书馆设立中小学开放日 [EB/OL]．http://www.chinanews.com/edu/2015/04-23/7229990.shtml, 2015-04-23.

[20] 樊秋萍．构建全民阅读长效机制 [J]．前沿，2013（4）：98-100.

[21] 范并思．阅读推广的理论自觉 [J]．国家图书馆学刊，2014（6）：3-8.

[22] 范并思．阅读推广与图书馆学：基础理论问题分析 [J]．中国图书馆学报，2014（5）：4-13.

[23] 富琳．国外全民阅读面面观及其启示 [J]．图书馆学研究，2014（18）：84-87，76.

[24] 黄俊贵．提升阅读理论，构建阅读社会 [J]．图书馆论坛，2005（6）：38-42.

[25] 贾小华．国外如何培养孩子良好的阅读习惯 [N]．新华每日电讯，2015-04-02，第 6 版.

[26] 李文云，吕鹏飞等．推动全民阅读在国外（国际视野）[N]．人民日报，2013-10-07.

[27] 刘孝文，郭红英，岳爱华．青少年家庭阅读环境、阅读动机和阅读素养的相关性研究 [J]．河北科技图苑，2018（2）：57-60，74.

[28] 吕梅. 馆社合作 共促阅读——图书馆与社会合作推动青少年阅读推广 [J]. 图书与情报，

2011（1）：91-94.
[29] 莫启仪. 国外城市公共阅读服务实践及启示 [J]. 图书情报工作，2013（7）：60-64.
[30] 邱茂炜. 图书馆网络阅读服务与形式研究 [J]. 图书馆工作与研究，2009（11）：97-99.
[31] 鄯爱红. 公共服务的伦理内涵与价值 [J]. 中国特色社会主义研究，2006（4）：73-77.
[32] 孙海双，王雪燕. 我国校地共建图书馆研究述评 [J]. 图书馆学研究，2011（10）：6-9.
[33] 陶爱兰，李佳屏. 新媒体时代青少年阅读探析 [J]. 图书馆理论与实践，2011（7）：71-73.
[34] 王翠萍，刘通. 中美阅读推广比较研究 [J]. 情报资料工作，2012（5）：96-101.
[35] 王珺. "百社千校"读书活动 惠及百万中小学生 [N]. 中国教育报，2016-01-13（3）.
[36] 王萍. 国外阅读推广活动经验剖析 [J]. 图书馆工作与研究，2013（10）：107-109.
[37] 王薇. 日本儿童阅读状况和推广活动考察 [J]. 图书馆杂志，2013（3）：70-74，82.
[38] 王志军. 公共图书馆与全民阅读 [J]. 河南图书馆学刊，2008（3）：67-69.
[39] 王志艳. 国家新闻出版广电总局向全国青少年推荐百种优秀出版物 [N]. 文艺报，2016-07-13（1）.
[40] 吴理财. 公共文化服务机制的六个特性 [J]. 人民论坛，2011（30）：38-39.
[41] 吴尚之. 十年阅读开创新局面 全民参与点亮中国梦 [J]. 中国出版，2015（24）：3-10.
[42] 夏秋菊. 国外农村公共阅读服务实践 [J]. 图书馆论坛，2015（12）：134-138.
[43] 夏扬. 当读书遇见互联网——数字时代国外青少年阅读推广活动的经验与启示 [J]. 中国青年研究，2015（8）：11-16.
[44] 夏志强，李静. 公共服务的新理念：从"服务顾客"到"创造顾客"[J]. 社会科学研究，2013（6）：48-52.
[45] 谢利萍. 试析基本公共服务的内涵 [J]. 中共乐山市委党校学报，2009（6）：21-23.
[46] 邢雪. 法国多方努力培养孩子阅读兴趣 [N]. 人民日报，2013-11-04.
[47] 徐同亮. 国外阅读领域立法分类探究 [J]. 出版发行研究，2015（11）：81-84.
[48] 许桂菊. 新加坡培育儿童和青少年热爱阅读的策略及启示 [J]. 图书馆，2015（4）：55-60，65.
[49] 许欢. 儿童传统经典阅读推广研究 [J]. 图书与情报，2011（2）：7-10.

[50] 杨政．俄制定《民族阅读大纲》[N]．光明日报，2012-02-08．

[51] 曾祥芹，韩雪屏．国外阅读研究 [M]．河南教育出版社，1992．

[52] 张欣．常态化阅读推广活动机制的构建探索 [J]．图书与情报，2011（6）：111-116．

[53] 赵宸．发达国家全民阅读立法模式研究及对我国的启示 [J]．南京社会科学，2015（4）：95-100．

[54] 周慧琳．汇聚各方力量推进全民阅读 [J]．中国出版，2016（10）：21-23．

[55] 朱清馨．国外公共图书馆全民阅读特色活动思考 [J]．兰台世界，2015（32）：138-139．

[56] 祝新华，廖先．持久而有效地推行广泛阅读：国外的经验与我们的改进策略 [J]．教育研究与实验，2012（4）：31-36．